基于"反思性学习"策略的高中数学教学设计

蒋荣清／主编
丁君斌／副主编

宁波出版社

本书编委会

主　编　蒋荣清
副主编　丁君斌
编　委　张　嫣　戴　盈　潘加正　江　强
　　　　　朱善聪　李炜斌　杨　俊　应俊宇
　　　　　李　巧　朱映颖　董玲飞　王　耀
　　　　　钟迎军　许丰伟　姚才镇

前　言

翻阅第7版《现代汉语词典》可知：反思，即思考过去的事情，从中总结经验教训.英国哲学家约翰·洛克认为，经验按其来源可分为感觉与反思，前者为外部经验，后者为内部经验；反思是心灵以自己的活动作为对象而反观自照，是人们的思维活动和心理活动.古今中外对"反思"在学习过程中的重要性有很多记载，如"学然后知不足，教然后知困.知不足，然后能自反也；知困，然后能自强也"（《礼记·学记》），这是我国较早提出的反思教育理论之一，类似的还有"吾日三省吾身"（曾子）、"知人者智，自知者明"（老子）、"反求诸己"（孟子）等.又如，荷兰著名的数学教育家弗赖登塔尔曾说："反思是重要的数学活动，它是数学活动的核心和动力."

党的二十大报告指出，必须坚持科技是第一生产力、人才是第一资源、创新是第一动力，深入实施科教兴国战略、人才强国战略、创新驱动发展战略.而创新能力的培养与基础教育密不可分，新版《普通高中数学课程标准》对教学方式提出如下要求："……创设合适的教学情境，启发学生思考，引导学生把握数学内容的本质.提倡独立思考、自主学习、合作交流等多种学习方式，激发学习数学的兴趣，养成良好的学习习惯，促进学生实践能力和创新意识的发展."其中，"独立思考、自主学习"就暗含"反思性学习"这一策略.有些数学问题老师在课上反复讲解，有的学生貌似听懂，但课后自己做时就又不会了.这种现象反映出当下学生缺乏反思性学习的意识和能力，没有把握问题的本质.

数学领域的反思性学习有下列五大基本特征：

1.探究性.反思性学习的灵魂是"提出问题—探究问题—解决问题".反思不仅是回忆或回顾，还要在数学活动中找到关键的问题与答案，重构自己的理解，激活个人的智慧，产生新的信息.

2.自主性.反思性学习是建立在学生具有内在学习动机基础上的"想学"与"坚持学".学习活动的主体是学生，而不是教师，离不开学生的自主活动.学生既是演员，又是导演，通过自我认识、自我分析、自我评价获得自我体验.

3.发展性.常规性学习是学生凭借自己有限的经验进行简单、重复的操作活动，以"学会知识"为目的，关注的是学习的直接结果，即眼前的学习成绩.而反思性学习是一种复杂、理性的学习活动，以"学会学习"为目的，关注学习的直接结果与间接结果，即学生眼前的学习成绩和学生自身的未来发展.

4.创造性.面对数学问题时,学生可以通过反思深化对问题的理解,优化思维过程,揭示问题本质,探索一般规律,沟通知识间的相互联系,促进知识的同化和迁移,进而产生新的发现.

5.批判性.不管探究出的结果如何,反思性学习总是带有自我否定的色彩.学生通过一定限度上的自我"揭短",从新的层次、新的角度看到自己的不足,体现了反思者进行自我解剖、自我批判的勇气.

本书是浙江省教育科学研究课题"提高中学生数学反思能力的研究"的阶段性成果,汇集了蒋荣清名师工作室二轮学员编写的教学设计.这些教学设计以"反思性学习"策略为核心,突出学生的主体地位,强调在课前预习、创设教学情境时激活学生的反思意识,在自主学习、课堂小结、解题教学的过程中培养学生的反思能力,并且体现了教师对教学活动的自我反思.

本书所选的教学设计的内容涉及人教版普通高中数学教科书中的重点知识,课型也比较丰富,如概念课、公式(定理)课、复习课、习题课、探究课等,既可供教师教授高一、高二学生新课时使用,又可作为高三学生复习课的参考资料.

思之则活,思活则深,思深则透,思透则明.本书只是在培养学生反思性数学学习能力方面做了浅显的尝试,希望能为高中数学新课改起到抛砖引玉的作用.由于编者水平所限,书中肯定存在不少问题,恳请各位同行批评指正.

编者

2024 年 1 月

目 录
CONTENTS

第一辑 概念课

三角函数的概念 ………………………………………………………………… 2

函数的奇偶性 …………………………………………………………………… 8

函数的概念（第一课时） ……………………………………………………… 15

双曲线的简单几何性质 ………………………………………………………… 24

对数的概念（第一课时） ……………………………………………………… 31

弧度制 …………………………………………………………………………… 37

椭圆及其标准方程（第一课时） ……………………………………………… 44

直线与圆的位置关系（第一课时） …………………………………………… 50

直线的点斜式方程 ……………………………………………………………… 55

随机抽样（第一课时） ………………………………………………………… 62

有限样本空间与随机事件 ……………………………………………………… 69

第二辑 公式（定理）课

诱导公式（第一课时） ………………………………………………………… 78

余弦定理 ………………………………………………………………………… 85

正弦定理 ………………………………………………………………………… 91

第三辑 复习课

利用点的坐标处理解析几何问题 ……………………………………………… 100

空间距离的计算 ………………………………………………………………… 107

利用定义　巧求最值 …………………………………………………… 114

平面向量的多视角探究 ………………………………………………… 119

立体几何空间角——线面角 …………………………………………… 123

第四辑　习题课

三棱锥的外接球 ………………………………………………………… 130

含参绝对值函数问题 …………………………………………………… 135

基本不等式 ……………………………………………………………… 141

探究两平面的交线问题 ………………………………………………… 147

逻辑推理:求数列的通项公式 …………………………………………… 152

一元二次方程根的分布 ………………………………………………… 157

第五辑　探究课

运用导数研究函数的单调性 …………………………………………… 164

探究函数 $f(x)=x+\dfrac{1}{x}$ 的图象与性质 …………………………… 171

"一类数列和式放缩"的探究 …………………………………………… 181

椭圆焦点弦长的求法探究 ……………………………………………… 188

第一辑 概念课

三角函数的概念

天台中学　杨　俊

一、教学内容

本节课的内容取自人教 A 版普通高中数学教科书(必修·第一册)第五章《三角函数》第二节《三角函数的概念》.三角函数是一类特殊的函数,侧重于展现角与坐标(或比值)之间的对应关系.

二、教学目标

1. 理解任意角三角函数的定义,经历用"单位圆法"定义三角函数的过程.
2. 会用定义求特殊角的三角函数值,会求已知终边位置的角的三角函数值.
3. 会从函数三要素的角度认识三角函数的对应法则、自变量与函数值.
4. 体会定义三角函数过程中的数形结合、化归、数学模型等思想方法.

三、学情分析

本节课的授课对象为高一学生.他们虽学习过锐角三角函数的概念,但其认识只停留在三角函数是反映直角三角形的角与边之间关系的层面上.教师有必要让学生从角与比值的对应关系角度重新认识三角函数.

四、教学重难点

1. 教学重点:任意角的三角函数(正弦函数、余弦函数、正切函数)的定义.
2. 教学难点:任意角的三角函数概念的建构过程.

五、教学策略

以问题链的形式促进反思;结合学生的原有认知,更好地理解新知识.

六、教学过程

(一)创设情境

【引入】 教师播放《大风车》的主题曲,并通过PPT展示风车的图片.

师:任意角是一条射线绕端点 O 旋转生成的.在角的旋转过程中,终边上的点都绕点 O 作圆周运动.生活中有常见的圆周运动吗?请你试着举出一些作圆周运动的实际例子.(如图1)

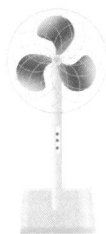

图 1

设计意图 从学生熟悉的童年歌曲引入,引起学生对本节课的学习兴趣,为学习三角函数的概念埋下伏笔.

师:圆周运动体现了客观世界"周而复始"的变化现象,而函数是描述客观世界变化规律的数学模型,那么我们该用什么样的函数反映这种运动的变化现象呢?

(二)探究新知

【问题1】 函数研究的是数量及其关系,那么在点 P 所作的圆周运动中,你能发现哪些量?能找到这些量与量之间的关系吗?(如图2)

生(小组讨论):角度 α,半径 r,点 $P(x,y)$……

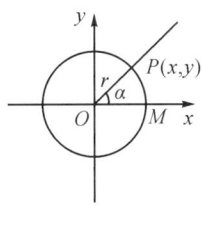

图 2

设计意图 这是个开放性问题,让学生感受点 P 在运动过程中,哪些量在发生变化,强化学生的探究能力.

【问题2】 当 α 是锐角时,你能找出 α,r,x,y 之间的关系吗?

生:$\sin\alpha=\dfrac{y}{r}$,$\cos\alpha=\dfrac{x}{r}$,$\tan\alpha=\dfrac{y}{x}$,其中 $r=\sqrt{x^2+y^2}$.

设计意图 回忆初中学过的锐角三角函数,为本节课的学习提供知识储备.

【问题3】 对于比值 $\dfrac{y}{r}$,$\dfrac{x}{r}$,$\dfrac{y}{x}$,我们以前称之为锐角 α 的正弦、余弦和正切,统称为锐角 α 的三角函数.你认为这些比值是由 α 唯一确定的吗?

生:唯一确定.如图3,
因为 $\triangle OMP \backsim \triangle OM'P'$,
所以 $\sin\alpha = \dfrac{MP}{OP} = \dfrac{M'P'}{OP'}$,

$\cos\alpha = \dfrac{OM}{OP} = \dfrac{OM'}{OP'}$,

$\tan\alpha = \dfrac{MP}{OM} = \dfrac{M'P'}{OM'}$.

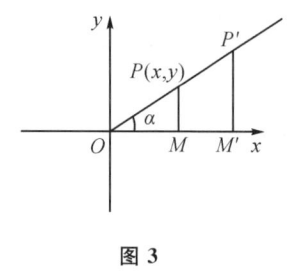

图3

设计意图 通过观察点 P 在角 α 终边上的移动情况,发现三角函数值与点 P 在终边上的位置无关,即从变化中找不变的量.

【问题4】 既然当角确定后,三角函数值与点 P 在终边上的位置无关,那么你能否在终边上取适当的点,使三角函数的形式看上去更简单?

生:如图4,取 $OP = r = 1$ 时,

$\sin\alpha = \dfrac{MP}{OP} = \dfrac{y}{r} = y$,

$\cos\alpha = \dfrac{OM}{OP} = \dfrac{x}{r} = x$,

$\tan\alpha = \dfrac{MP}{OM} = \dfrac{y}{x}$.

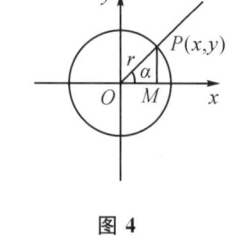

图4

设计意图 借助单位圆,利用角的终边与单位圆的交点坐标给出三角函数的定义.

【问题5】 设 α 是锐角,$P(x,y)$ 是 α 的终边与单位圆的交点,当 α 确定时,x,y,$\dfrac{y}{x}$ 的值是唯一确定的吗?那么当 α 是任意角时,x,y,$\dfrac{y}{x}$ 的值也是由 α 唯一确定吗?

生:当 α 确定,α 的终边与单位圆的交点 $P(x,y)$ 就确定,从而 x,y,$\dfrac{y}{x}$ 的值就确定.

设计意图 体会从初中的锐角三角函数过渡到高中的任意角三角函数的过程.

教师引导学生思考 α 是任意角的情况,引出任意角三角函数的定义:

设 α 是一个任意角,它的终边与单位圆的交点为 $P(x,y)$,则 y 叫做 α 的正弦,记作 $\sin\alpha = y$;x 叫做 α 的余弦,记作 $\cos\alpha = x$;$\dfrac{y}{x}$ 叫做 α 的正切,记作 $\tan\alpha = \dfrac{y}{x}(x \neq 0)$.

对应关系 $\sin\alpha = y$,$\cos\alpha = x$,$\tan\alpha = \dfrac{y}{x}(x \neq 0)$ 都是以角为自变量,以单位圆上的点的坐标或坐标的比值为函数值的函数,分别称为正弦函数、余弦函数和正切函数,并统称为三角函数.

师:三角函数的定义域是什么?

生:$y=\sin x$ 的定义域为 $\mathbf{R}$,$y=\cos x$ 的定义域为 $\mathbf{R}$,$y=\tan x$ 的定义域为 $\left\{x\left|x\neq\dfrac{\pi}{2}+k\pi,k\in\mathbf{Z}\right.\right\}$.

(三)例题讲评

【例1】求 $\dfrac{5\pi}{3}$ 的正弦、余弦和正切值.

生:在直角坐标系中,作 $\angle AOB=\dfrac{5\pi}{3}$(如图5),

易知 $\angle AOB$ 的终边与单位圆的交点坐标为 $\left(\dfrac{1}{2},-\dfrac{\sqrt{3}}{2}\right)$.

所以,$\sin\dfrac{5\pi}{3}=-\dfrac{\sqrt{3}}{2}$,$\cos\dfrac{5\pi}{3}=\dfrac{1}{2}$,$\tan\dfrac{5\pi}{3}=-\sqrt{3}$.

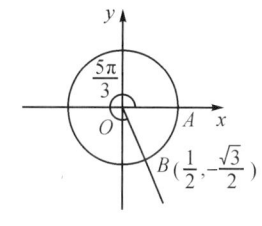

图 5

【练习】

(1)求 $\dfrac{2}{3}\pi$ 的正弦、余弦和正切值.(教师请几位学生上台板书)

(2)填表.(学生口答)

角度 α	0°	90°	180°	270°	360°
角 α 的弧度数					
$\sin\alpha$					
$\cos\alpha$					
$\tan\alpha$					

设计意图 若已知角 α 的大小,可先求出角 α 终边与单位圆的交点,然后利用定义求三角函数值.

定义推广:一般地,设角 α 终边上任意一点的坐标为 (x,y),它与原点的距离为 r,则 $\sin\alpha=\dfrac{y}{r}$,$\cos\alpha=\dfrac{x}{r}$,$\tan\alpha=\dfrac{y}{x}$,其中 $r=\sqrt{x^2+y^2}$.

【例2】已知角 α 的终边过点 $P_0(-4,3)$,求角 α 的正弦、余弦和正切值.

生:角 α 的终边过点 $P_0(-4,3)$,所以 $r=|OP_0|=5$.

所以 $\sin\alpha=\dfrac{y}{r}=\dfrac{3}{5}$,$\cos\alpha=\dfrac{x}{r}=-\dfrac{4}{5}$,$\tan\alpha=\dfrac{y}{x}=-\dfrac{3}{4}$.

师:不求值,你能确定下列三角函数值的符号吗?你能总结一般的规律吗?

(1)$\cos 250°$.(2)$\sin\left(-\dfrac{\pi}{4}\right)$.(3)$\tan(-672°)$.

师:根据三角函数的定义,你能否判断三角函数的符号?(如图6)

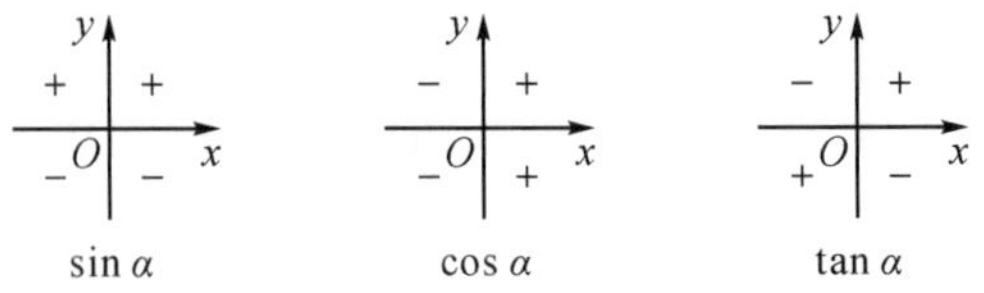

sin α	cos α	tan α

图 6

师：要使 sinα 的值为正，还有其他情况吗？

生：$\alpha = \dfrac{\pi}{2} + 2k\pi, k \in \mathbf{Z}$.

设计意图　利用三角函数的定义，确定三角函数的符号，为后面诱导公式的学习打好基础．

【例 3】求证：当且仅当不等式组 $\begin{cases} \sin\theta < 0, \\ \tan\theta > 0 \end{cases}$ 成立时，角 θ 为第三象限角．

生：因为 sinθ<0 成立，所以角 θ 的终边可能位于第三或第四象限，也可能与 y 轴的负半轴重合；又因为 tanθ>0 成立，所以角 θ 的终边可能位于第一或第三象限．因为 sinθ<0，tanθ>0 都成立，所以角 θ 的终边只能位于第三象限．于是，角 θ 为第三象限角．

师：sin(α+k·2π)，k∈**Z** 与 sinα 有什么关系？

生：因为 α+k·2π，k∈**Z** 与 α 终边相同，所以它们的正弦值相同．

设计意图　利用三角函数的定义，得到诱导公式（一），也为后续其他诱导公式的学习提供思路．

（四）课堂小结

1．通过这节课，关于三角函数的概念，你学到了哪些新的知识？

2．在研究过程中，从最简单、最基本的问题入手，通过观察分析，你能借助哪些思想方法解决数学问题？

设计意图　通过对本节课知识点的总结，体会知识的获得过程，加强数学学习与分析的能力．

七、课后作业

（一）基础性作业

1．利用三角函数定义，求 $\dfrac{7\pi}{6}$ 的三个三角函数值．

2．已知角 θ 的终边过点 P(−12,5)，求角 θ 的三角函数值．

（二）反思性作业

3．体会从初中的锐角三角函数过渡到高中的任意角三角函数的过程，寻找同角三角函数之间的联系.

设计意图 第 1～2 题为基础性作业,考查学生运用已知角的大小或角终边上点的坐标来求三角函数值的能力,从而巩固三角函数的概念.第 3 题为反思性作业,让学生回顾本节课知识的迁移过程,与下一节课的知识联系起来,触类旁通,强化学生的学习能力.

八、教学反思

教学设计既要重视"承上",即与学生原有认知结构有联系,也要重视"启下",即从后续知识发展的角度审视教学安排.三角函数是一类典型的周期函数.本节课中,学生可借助单位圆建立一般三角函数的概念,体会引入弧度制的必要性,并为用几何直观和代数运算的方法研究三角函数的性质奠定基础.

函数的奇偶性

台州市金清中学　朱善聪

一、教学内容

本节课的内容取自人教 A 版普通高中数学教科书（必修·第一册）第三章《函数的概念与性质》第二节《函数的基本性质》。奇偶性是函数的基本性质之一。它从"形"的角度，揭示了函数图象整体的对称性；从"数"的角度，刻画了两点之间自变量与函数值的特殊关系。函数的奇偶性是继单调性后的又一重要性质，是函数概念与表示的进一步拓展与深化，也是研究函数单调性的思想方法的又一次实践应用，为研究函数的另一整体性质——周期性提供活动经验，更是后续研究幂函数、指数函数、对数函数和三角函数的基础。

二、教学目标

1. 通过具体函数，经历用数量关系刻画函数图象对称性的过程，了解函数奇偶性的概念和几何意义。

2. 掌握判断具体函数奇偶性的方法，理解函数的奇偶性对简化函数研究的作用，体会转化与化归的数学思想方法。

3. 经历从特殊到一般的数学活动，会用数学语言（符号）描述奇函数和偶函数。

4. 经历从图形语言到符号语言的过渡，感悟常用逻辑用语中量词与数学严谨性的关系，提升直观想象、数学抽象、逻辑推理素养。

三、学情分析

本节课的授课对象是高一学生。通过函数单调性的学习，学生经历了由图象特征到自然语言描述，再到符号语言刻画的过程，具备了用数量关系刻画函数图象上升或下降趋势的基本活动经验，但他们对符号语言的理解，尤其是对独立完成图形语言到符号语言的转化还存在困难。学生在初中已经学习了轴对称图形、中心对称图形，以及它们的性质，对二次函数、反比例函数图象的对称性也非常熟悉，但他们对对称性的认识只会从几何角度描述，对代数角度的刻画比较陌生。通过函数的概念和表示及单调性的学习，学生接触到了更多图象具有对称性的函数，为本节课的学习增加了素材。从学生的思维发展来看，高一学生的思维能力正在由形象经验型向抽象理论型转变，但分析、归纳、抽象的能力还比较薄弱。

四、教学重难点

1.教学重点:函数奇偶性的概念及简单函数的奇偶性判断.
2.教学难点:函数奇偶性符号语言的探究.

五、教学策略

构建"问题—反思—问题—再反思"的教学模式;设计问题链,结合启发式教学原则;采用学生探究和教师讲授相结合的方法.

六、教学过程

(一)课题引入

【引导语】关于函数,在学习了概念与表示(形式)之后,我们又开始探究它的几何性质.上节课中,通过观察函数 $f(x)=x^2$ 的图象,发现它有自左向右先下降再上升的特点,用单调性描述是函数在$(-\infty,0]$上单调递减,在$[0,+\infty)$上单调递增.之后借助单调性我们又发现图象有最低点,说明函数有最小值.

(二)问题探究

【问题1】回忆一下,我们是如何探究二次函数 $f(x)=x^2$ 的单调性,你能概括出研究函数性质的一般步骤吗?

师:前面我们研究了函数的单调性,同学们能概括研究函数性质的一般步骤吗?

生:具体函数⇒图象特征⇒数量刻画⇒符号语言⇒抽象定义.

设计意图 问题1起到了提纲挈领的作用,也为学生探究新知指明了方向.概括出研究函数基本性质的一般步骤,从"数"与"形"的角度双管齐下(代数运算与图象直观),揭示函数性质.

【问题2】继续观察函数 $f(x)=x^2$ 的图象,你还能发现其他特征吗?

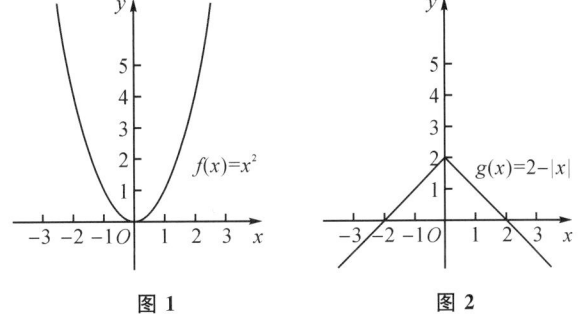

图1   图2

师：除了单调性，函数 $f(x)=x^2$ 的图象还有什么特点？

生：图象关于 y 轴对称．

师：函数 $g(x)=2-|x|$ 的图象也具有这样的特点吗？

生：函数 $g(x)=2-|x|$ 的图象也关于 y 轴对称．

师：关于 y 轴对称是初中所学轴对称中的特殊情形，能否像探究单调性那样，我们也用符号语言精确描述这一特征呢？

生：可以，类比单调性的研究，将其转化为数量上满足某种关系．

师：怎么找？

生：比如，取自变量互为相反数的两个点，计算它们的函数值，看看是否相等．

设计意图 以函数 $f(x)=x^2$ 为例，回顾单调性定义的探究过程，继续挖掘图象特征，体现大单元教学知识的延续性、思维的连贯性、方法的一致性，有利于学生对本单元知识的整体建构．

师：利用实践中的方法，可以找到一个点关于 y 轴的对称点．是不是这样就能说明函数图象关于 y 轴对称了呢？找一对够吗？

生：不够．

师：需要找到多少对关于 y 轴的对称点？

生：可以类比探究单调性时的方法，用任意来刻画无数对．

设计意图 类比单调性的探究过程，寻求从"数"的角度来刻画点的对称，体现了化归思想，也是一种降维处理的手段．

(三)定量刻画

【问题3】 类比单调性的探究过程，如何用数量刻画函数图象的对称？

师：观察实践中得到的对称点，请大家以小组为单位相互比较，能不能发现特殊的点，并且思考网格的度量作用．

生：通过刚才的实践，我们发现图象的对称能用点的对称来体现，坐标就是点的数量表示，利用网格发现几对特殊的对称点，用坐标表示如下：$(-1,1)$ 和 $(1,1)$，$(-2,4)$ 和 $(2,4)$，$(-3,9)$ 和 $(3,9)$ 以及 $(0,0)$．由此可知，横坐标互为相反数时，纵坐标相等．

师：以 $f(x)=x^2$ 为例，将坐标中的信息整理成表格，横坐标和纵坐标的取值是函数的什么要素？发现了什么规律？

x	$\cdots$	-3	-2	-1	0	1	2	3	$\cdots$
$f(x)=x^2$	$\cdots$	9	4	1	0	1	4	9	$\cdots$

生：我们发现横坐标为函数的自变量，纵坐标为函数的函数值，则上述规律可以描述成：自变量互为相反数，函数值相等，如 $f(1)=f(-1)$，$f(2)=f(-2)$，$f(3)=f(-3)$ 以及 $f(0)=f(0)$．

师:你能用式子结合数据表达此规律吗?

生:对定义域内的 x,都有 $f(-x)=f(x)$.

设计意图 落实数量刻画这一步骤,深化单调性的探究方法在用符号语言精确描述"关于 y 轴对称"这一特征过程中的指导作用,为下一步的符号语言归纳指明方向.

【问题 4】 如何用数学符号语言刻画以上规律?

生:如果对定义域内任意的 x,都有 $f(-x)=f(x)$,就说明图象是关于 y 轴对称的.

师:这时,我们就称函数 $f(x)=x^2$ 为偶函数.按照上述分析,$g(x)=2-|x|$ 是偶函数吗?

生:$g(x)=2-|x|$ 也是偶函数.

师:你是如何判断的?

生1:可以画出 $g(x)=2-|x|$ 的图象,图象关于 y 轴对称,为偶函数.

生2:可以用代数的方法,通过 $\forall x\in \mathbf{R},g(x)=g(-x)$,判断其为偶函数.

设计意图 引导学生从"形"与"数"两角度认识 $g(x)=2-|x|$,并作出判断,突破对"任意"的认知障碍.在单调性的探究过程中,我们也是用代数方法证明 $f(-x)$ 与 $f(x)$ 的关系的,这里沿用相同的方法,领会把一个含有"无限"的问题转化为用一种"有限"方式表示的精妙.

(四)概念生成

【问题 5】 你能试着抽象概括偶函数的定义吗?

生:函数 $f(x)$ 的定义域为 I,若 $\forall x\in I$,都有 $-x\in I$,且 $f(x)=f(-x)$,则函数 $f(x)$ 就叫做偶函数.

师:定义域有什么特点?你能从式子 $f(x)=f(-x)$ 的角度分析一下吗?

生:定义域区间应该关于原点对称.

师:你能举出一些偶函数的例子吗?

生:$f(x)=x^4$,$f(x)=\dfrac{1}{x^2-1}$ 等.

设计意图 通过启发式提问,充分思考偶函数的定义,发现判断的前提条件,挖掘定义中的隐性条件,为实际应用中判断非奇非偶函数提供依据.

【问题 6】 观察函数 $f(x)=x$ 和 $g(x)=\dfrac{1}{x}$ 的图象,你能发现这两个函数图象有什么共同特征吗?你能用符号语言精确地描述这一特征吗?

生1:它们的图象都是关于原点对称的.

生2:从代数角度分析,对任意的 $x\in I$,都有 $f(-x)=-f(x)$.

设计意图 类比偶函数概念的建构,放手让学生经历直观感知、抽象概括的过程.

通过合作交流、自主建构奇函数的概念,让学生再一次领会在数形结合思想指导下研究函数性质的方法.

(五)典例分析

【例1】 判断下列函数的奇偶性.

(1) $f(x)=x^0$. (2) $f(x)=\dfrac{1}{x^2}$. (3) $f(x)=\dfrac{x-1}{x^3-x^2}$. (4) $f(x)=x^2+|x|$.

(学生自主完成奇偶性的判定)

师:通过判定以上函数的奇偶性,对于一个函数,同学们试着总结一下,有哪些方法去判定奇偶性呢? 不同方法有什么特点?

生:按顺序,先求出定义域,发现关于原点对称后再去看 $f(-x)$ 与 $f(x)$ 的关系,最后作出判断.

师:"一求二看三判断".

生1:关注原函数的定义域,而非变形后的定义域.

生2:通过举反例,如 $f(1)\neq f(-1)$ 且 $f(1)\neq -f(-1)$,得到函数为非奇非偶函数,也可以通过图象作出判断.

师:我们可以得到三种判定方法,图象法,直观且快速,适用于较熟悉的函数;定义法,适用广,是对"形"的补充;性质法,可简记为"奇+奇=奇,偶+偶=偶,奇×奇=偶,偶×偶=偶,奇×偶=奇".

设计意图 当堂检测形成教学反馈与评价,深化学生对探究过程中数形结合的理解以及从全称命题的否定入手来判定函数的奇偶性.

【例2】 (1)判断函数 $f(x)=x^3+x$ 的奇偶性.

(2)如图3所示是函数 $f(x)=x^3+x$ 图象的一部分,你能根据 $f(x)$ 的奇偶性画出它在 y 轴左边的图象吗?

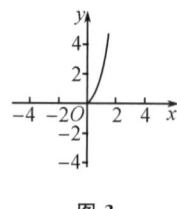

图3

(3)已知奇函数 $f(x)$ 在 $(0,+\infty)$ 上单调递增,判断它在 $(-\infty,0)$ 上的单调性,并给出证明.

(学生自主完成上述三问)

师:已知函数的奇偶性,以及图象的一部分,求函数的其他部分图象,对此你能说说已知函数的奇偶性的作用是什么吗?

生:知道一半就知道全部,事半功倍.

设计意图 巩固函数奇偶性的概念,再次熟悉判定函数奇偶性的步骤;利用函数奇偶性画函数的图象,由"数"到"形"体现研究函数奇偶性的意义;如果一个函数具有奇偶性,只需研究 $x \geqslant 0$(或 $x \leqslant 0$)的部分,然后运用对称性研究整个定义域内完整函数的性质.

(六)课堂小结

1.奇、偶函数的定义是什么?如何判定一个函数的奇偶性?一般步骤有哪些?

2.我们是如何研究函数的奇偶性的?

3.你能结合函数的单调性、最大(小)值、奇偶性,谈谈研究一个函数的性质的共同特点吗?

4.本节课的学习过程体现了哪些数学思想?你有哪些感悟?

设计意图 回顾研究过程,总结研究方法,感悟研究函数性质的一般方法;对比、分析奇函数和偶函数的异同,需要从"数"和"形"两个方面对概念进行整体思考,即从定义域、定义、图象三个方面对比;进一步引导学生通过探究过程体会其中蕴含的数学思想,提升追求新知的热情,克服困难的勇气与实践出真知的信心.

七、课后作业

(一)基础性作业

1.判断下列函数的奇偶性.

(1) $f(x)=3x^4+2x^2$. (2) $f(x)=3x-x^3$. (3) $f(x)=3x^4-2x^3$.

2.已知函数 $f(x)=ax^2+bx+3a+b$ 是偶函数,且其定义域为 $[a-1,2a]$,则( )

A. $a=\dfrac{1}{3}, b=0$ B. $a=-1, b=0$ C. $a=1, b=0$ D. $a=3, b=0$

3.函数 $f(x)=\dfrac{\sqrt{1+x^2}+x-1}{\sqrt{1+x^2}+x+1}$ 是 ( )

A.偶函数   B.奇函数

C.非奇非偶函数   D.既是奇函数又是偶函数

4.函数 $f(x)=\dfrac{|x-2|-2}{\sqrt{1-x^2}}$ 的奇偶性为_____(填"奇函数"或"偶函数").

(二)反思性作业

5.已知函数 $f(x)$ 为定义在 $(-2,2)$ 上的奇函数.

(1)求 $f(0)$ 的值.

(2)若 $f(x)$ 在定义域上单调递增,且有 $f(2+a)+f(1-2a)>0$,求实数 a 的取值范围.

6.参考第5题,你能利用函数的单调性、奇偶性等性质设计一道练习题吗？动手试试,并把你的成果分享给同学们.

设计意图 题1让学生尝试运用奇偶性的定义判定函数的奇偶性,认识到并不是所有的函数都具有奇偶性.题2考查学生运用函数的单调性求参数值.题3、题4主要考查学生灵活应用概念的能力,判断函数的奇偶性首先要关注函数的定义域,对代数结构作适当的变形.题5、题6是反思性作业.题5结合函数的单调性和奇偶性,注重函数性质的综合应用,加深学生对函数性质的整体认知,让学有余力的学生得到更好地发展.题6作为题5的开放性延伸,可以培养学生提出问题、归纳总结的能力.

八、教学反思

回顾本节课的教学,有两个目标是值得关注的,一是理解函数奇偶性的定义,二是会判断简单函数的奇偶性.在创设情境时,教师以函数的单调性研究为例,通过类比,引导学生用列表、描点、作图等方法发现偶函数图象的共同特征——关于 y 轴对称.紧接着学生能通过列表发现当自变量互为相反数时函数值相等的规律,并用符号语言准确表达.在教学过程中,教师为降低归纳定义过程中的难度,利用了信息技术,采用动态方式展现两点之间自变量与函数值的一种特殊的数量关系.在课堂实践中,学生主要是通过图象法或定义法判断函数的奇偶性.

事实上,学生在用数量刻画函数的性质方面,即逻辑推理能力的训练和培养方面,是有所欠缺的.最让学生感到困惑的是,如何突破常量到变量的转化,从而达到由直观到抽象;最容易让学生忽略的是,定义中"任意"一词使用的重要性.在教学中,教师须突破这一教学难点,让学生经历概念的形成过程,突出一般函数的图象对称性与相应符号表达之间的等价关系.

函数的概念(第一课时)

台州市永宁中学　戴　盈

一、教学内容

函数是现代数学中最基本的概念,也是描述客观世界中各种变化关系及其规律的基本模型和工具.本节课的内容取自人教 A 版普通高中数学教科书(必修·第一册)第三章《函数的概念与性质》第一节《函数的概念及其表示》.本节课通过典型和丰富的现实情境,先用"变量说"判断是否存在函数关系,再用两个非空数集之间元素的对应关系这种"话语方式"来描述每个情境中的函数关系,最后归纳共同特征,给出形式化的函数定义,并用符号"$f(x),x\in A$"来表示,让学生了解函数的三要素.

二、教学目标

1. 能用"变量说"判断具体实例中的函数关系,能用"对应关系说"描述具体实例;能归纳具体实例的共性进而抽象出函数概念;明确定义域、对应法则、值域是函数的三要素.

2. 了解对应法则可以用解析式、图象、表格等形式呈现;理解函数的概念,体会引入符号 f 表示对应法则的必要性,能说出符号"$y=f(x),x\in A$"的含义;会用函数的定义刻画简单具体的函数.

3. 经历函数概念的形成过程,体会函数是描述变量间依赖关系的重要数学模型;体验用数学的眼光看待事物,能用函数思想和模型分析事物及其变化规律,发展数学抽象、逻辑推理的素养.

三、学情分析

本节课的授课对象为高一学生.学生在初中学过函数,知道"y 与 x 有对应关系",知道函数的三种表示方法,熟悉一次函数、二次函数、反比例函数等几个基本初等函数,但他们对函数的认知比较单一,认为函数就是变量之间的依存关系,不熟悉函数的整体性和本质,缺乏用函数思维看问题的意识.

四、教学重难点

1. 教学重点：函数的概念，函数的三要素.
2. 教学难点：对函数符号"$f(x), x \in A$"的理解.

五、教学策略

本节课以学生认知为起点，创设丰富的具体实例，先让学生自己用"变量说"分析实例，再用问题引导教学法，通过教师提问启发学生、学生小组合作探究、反思等形式归纳问题的共同特征.

六、教学过程

(一)忆函数，引疑问

【问题1】在我们的客观世界中存在着各式各样的运动变化现象，请同学们观看"天宫二号"发射、高铁行驶、烟花升空的视频，你能从中发现与函数有关的信息吗？

生：火箭上升高度 y 是时间 t 的函数，高铁运行里程 s 是时间 t 的函数.

师：你能回忆函数的定义吗？

生：在一个变化过程中，如果有两个变量 x 与 y，并且对于 x 的每一个确定的值，y 都有唯一确定的值与其对应，那么我们称 x 是自变量，y 是 x 的函数.

师：你能举一个函数的例子，并用定义解释吗？

生：一次函数 $y=x+1$，对于 x 的每一个确定的值，y 都有唯一确定的值与其对应.

设计意图 利用视频激发学生的学习兴趣，带领学生复习初中"变量说"的函数概念.

【问题2】(1)你能用已学的函数知识判断 $y=x$ 和 $y=\dfrac{x^3}{x^2}$ 是否为相同的函数？

(2)正方形的周长 l 与边长 x 的对应关系是 $l=4x$，而且对于每一个确定的 x 都有唯一的 l 与之对应，所以 l 是 x 的函数. 这个函数与正比例函数 $y=4x$ 相同吗？

生：相同吧……

师：我们要解决这些问题，就需要进一步学习函数的概念.

设计意图 设置问题引发学生的认知冲突，激发学生的求知欲，强调有必要继续研究函数.

(二)设情境，生函数

【问题3】请同学们根据情境回答问题：某高速列车加速到 350 km/h 后保持匀速运

行半小时.这段时间内,列车行进的路程 s(单位:km)与运行时间 t(单位:h)的关系如何表示?这是一个函数吗?为什么?

生:$s=350t$,对于每一个确定的 t 都有唯一的 s 与之对应,所以 s 是 t 的函数.

师:如果有人说"根据对应关系 $s=350t$,这趟列车加速到 350 km/h 后,运行 1 h 就前进了 350 km",你认为这个说法正确吗?

生:不正确,列车以 350 km/h 运行半小时后的速度不一定是 350 km/h.

师:如何更精确地表述 s 与 t 的对应关系?

生:写出关系式,还要考虑变量 t 的变化范围.

师:t 的变化范围是什么?s 的变化范围是什么?

生:t 的变化范围是 $0 \leqslant t \leqslant 0.5$,$s$ 的变化范围是 $0 \leqslant s \leqslant 175$.

师:集合是我们学习高中数学的语言基础.为了更好地描述研究变量的范围和属性,记 t 的变化范围为集合 A_1.列车行进的路程 s 与运行时间 t 的对应关系是 $s=350t$,其中 t 的变化范围是数集 $A_1=\{t|0 \leqslant t \leqslant 0.5\}$,$s$ 的变化范围是数集 $B_1=\{s|0 \leqslant s \leqslant 175\}$.对于数集 A_1 中的任一时刻 t,在数集 B_1 中都有唯一确定的路程 s 与它对应.

设计意图 首先让学生用"是否满足定义"来回答,培养学生用定义判断的思维习惯;然后通过追问激发学生认知上的冲突,发现"变量说"是不严密的,引导学生关注到变量 t 和 s 的取值范围,尝试用集合和对应关系的语言精确表述,为抽象函数的概念作好铺垫.

【问题 4】 某电气维修公司要求工人每周工作至少 1 天,至多不超过 6 天.如果公司确定的工资标准是每人每天 350 元,而且每周付一次工资,那么你认为该怎样确定一个工人每周的工资?一个工人的工资 w(单位:元)是他工作天数 d 的函数吗?

生:$w=350d$.w 是 d 的函数.工作天数 d 和工资 w 是两个变量,对于每一个 d,都有唯一确定的 w 与之对应.

师:你能用不同的表示方法表示上述关系吗?

学生制作表格(如下).

表 1

工作天数/天	1	2	3	4	5	6
所得工资/元	350	700	1050	1400	1750	2100

师:你能仿照问题 3 中对 s 和 t 的对应关系的精准刻画,用集合语言和对应关系语言描述 w 和 d 的函数关系吗?

生:d 的变化范围是数集 $A_2=\{1,2,3,4,5,6\}$,w 的变化范围是数集 $B_2=\{350,700,1050,1400,1750,2100\}$,对于数集 A_2 中的任意一个工作天数 d,按照对应关系 $w=350d$,在数集 B_2 中都有唯一确定的工资 w 与它对应.

师:问题 3 和问题 4 中的函数对应关系一样,它们是同一个函数吗?为什么?

生：它们不是同一个函数，自变量的取值范围不同．

师：判断两个函数是否为同一个函数，不能只看对应关系相不相同，还要判断自变量的取值范围是否一样．我们也可以用函数图象来区分这两个不同的函数．

设计意图 从变量关系角度判断 w 是 d 的函数，尝试用不同的方法表示函数，为学习抽象的对应关系 f 做准备；模仿问题3的表述，熟练运用集合语言和对应关系语言概括上述关系；通过判断是否为同一个函数，进一步思考确定函数概念需要的基本条件，关注自变量和因变量的取值范围．

【**问题 5**】图1是北京市2016年11月23日的空气质量指数（Air Quality Index，简称 AQI）变化图．你能根据图1找到8时 AQI 的值吗？如何根据该图确定这一天内任一时刻 t(h)的空气质量指数（AQI）的值 I？你认为这里的 I 是 t 的函数吗？如果是，你能模仿前面用集合语言和对应关系语言描述 I 和 t 的函数关系吗？

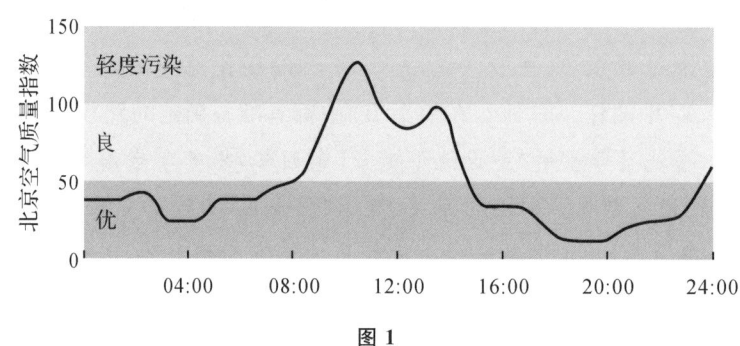

图 1

生：过 $t=8$ 作时间轴的垂线，交空气质量指数曲线于一点，过该点作直线与北京空气质量指数轴垂直，得到相应的纵坐标，即为 AQI 的值．

师：时间 t，AQI 的值 I 变化范围是怎样的？

生：时间 t 的变化范围 $A_3=\{t|0\leqslant t\leqslant 24\}$，值 I 的变化范围 $B_3=\{I|0<I<150\}$．

师：I 的最小值和最大值分别是0和150吗？

生：不是，由图可以得到 I 的最小值大于0，I 的最大值小于150．

师：如果记 I 的取值范围为 C_3，那么 C_3 与 B_3 有什么关系？

生：$C_3 \subseteq B_3$．

师：对于数集 $A_3=\{t|0\leqslant t\leqslant 24\}$ 中的任意一个值 t，根据图1中的数据，你能判断是否有唯一对应的值 I 吗？如何判断？

学生通过图象思考，教师通过信息技术从函数概念的角度帮助判断．具体操作如下：取任意点 $A(t,0)(t\in[0,24])$，过点 A 作时间轴的垂线，交空气质量指数曲线于点 $B(t,I)$，交点只有一个．移动点 A 的位置，点 B 的位置也同时移动，由此可知，对于数集 $A_3=\{t|0\leqslant t\leqslant 24\}$ 中每一个 t，按照图1中曲线所给定的对应关系，在数集 $B_3=\{I|0<I<150\}$ 中都有唯一确定的 I 与之对应，因此 I 是 t 的函数．

设计意图 学生对由图象判断函数的概念存在困难,特别是对应关系不确定的情况.题中函数值没有给出具体的最大值和最小值,只能引入一个较大的数集,让函数值在这个范围内,这是学生没有经历过的.因此,可以先让学生思考如何判断某一时刻的值 I,再让学生思考如何判断图象是否表示一个函数,最后通过追问深入研究对应关系的描述方式,化解困难.

【**问题 6**】国际上常用恩格尔系数 $r(r=\dfrac{食物支出金额}{总支出金额}\times 100\%)$ 反映一个地区人民生活质量的高低,恩格尔系数越低,生活质量越高.表 2 是我国某省城镇居民恩格尔系数变化情况,从中可以看出,该省城镇居民的生活质量越来越高.

表 2 我国某省城镇居民恩格尔系数变化情况

年份 y	2006	2007	2008	2009	2010	2011	2012	2013	2014	2015
恩格尔系数 $r(\%)$	36.69	36.81	38.17	35.69	35.15	33.53	33.87	29.89	29.35	28.57

你认为按表 2 给出的对应关系,恩格尔系数 r 是年份 y 的函数吗?如果是,你能仿照前面的表示方法描述这个函数吗?

生:r 是 y 的函数,y 的取值范围是数集 $A_4=\{2006,2007,2008,2009,2010,2011,2012,2013,2014,2015\}$,$r$ 的取值范围是数集 $B_4=\{0.3669,0.3681,0.3817,0.3569,0.3515,0.3353,0.3387,0.2989,0.2935,0.2857\}$.对于数集 A_4 中的任意一个年份 y,在数集 B_4 中都有唯一确定的恩格尔系数 r 与之对应.

师:实际上还有很多年份,如 2016,2017,$\cdots$ 的恩格尔系数没有给出来,根据恩格尔系数的定义,r 的取值范围应是 $B_4=\{r|0<r\leqslant 1\}$.请同学们再给出 r 是 y 的函数的描述.

师:这里 $C_4=\{0.3669,0.3681,0.3817,0.3569,0.3515,0.3353,0.3387,0.2989,0.2935,0.2857\}$,$C_4\subseteq B_4$.

设计意图 通过一系列的问题,引导学生思考,并适时补充解释,使学生更好地理解对应关系,为后面抽象出函数的对应关系 f 做好铺垫,进一步明确函数的要素.

【**问题 7**】上述问题 3~6 中的函数有哪些共同特征?由此你能概括出函数概念的本质特征吗?

学生回顾用集合语言和对应关系语言描述的函数关系,教师给出表 3 帮助学生归纳.

表 3

问题情境	自变量的集合	对应关系	函数值所在的集合	函数值的集合
实例 1	$A_1=\{t\|0\leqslant t\leqslant 0.5\}$	$s=350t$	$B_1=\{s\|0\leqslant s\leqslant 175\}$	B_1
实例 2	$A_2=\{1,2,3,4,5,6\}$	$w=350d$	$B_2=\{350,700,1050,1400,1750,2100\}$	B_2

续 表

问题情境	自变量的集合	对应关系	函数值所在的集合	函数值的集合
实例3	$A_3=\{t\|0\leqslant t\leqslant 24\}$	图1	$B_3=\{I\|0<I<150\}$	$C_3(C_3\subseteq B_3)$
实例4	$A_4=\{2006,2007,2008,2009,2010,2011,2012,2013,2014,2015\}$	表2	$B_4=\{r\|0<r\leqslant 1\}$	$C_4=\{0.3669,0.3681,0.3817,0.3569,0.3515,0.3353,0.3387,0.2989,0.2935,0.2857\}(C_4\subseteq B_4)$

生:(1)自变量、因变量的取值范围分别用非空数集 A,B 表示.(2)都存在一定的对应关系,如解析式、图象、表格等.(3)对于数集 A 中的任意一个数 x,按照对应关系,在数集 B 中都有唯一确定的数 y 与之对应.

师:你能根据共同特征,以初中函数概念为基础,用集合语言与对应关系语言对函数概念重新下定义吗?

生:一般地,在一个变化的过程中,如果有两个变量 x 与 y,它们的取值集合分别是数集 A,B,对于数集 A 中的任意一个数 x,按照所给的对应关系,数集 B 中都有唯一确定的数 y 与之对应,那么我们就说 x 是自变量,y 是 x 的函数.

师:这个定义看上去有很大进步,但数学概念的特点是简明、准确和清晰,数学追求一般化,简化形式,最好使用符号.事实上,除了解析式、图象、表格,还有其他表示对应关系的方法,为了表示方便,我们引进符号 f 统一表示对应关系.我们一起用集合语言和对应关系语言给函数下定义.

一般地,设 A,B 是非空的实数集,如果对于集合 A 中的任意一个数 x,按照某种确定的对应关系 f,在集合 B 中都有唯一确定的数 y 和它对应,那么就称 $f:A\to B$ 为从集合 A 到集合 B 的一个函数,记作:$y=f(x),x\in A$.其中,x 叫做自变量,x 的取值范围 A 叫做函数的定义域;与 x 的值相对应的 y 值叫做函数值,函数值的集合 $\{f(x)|x\in A\}$ 叫做函数的值域.

设计意图　引导学生归纳四个实例中函数的共同特征,概括出用集合语言和对应关系语言描述的函数概念的定义,体会数学抽象过程,突出重点,突破难点.

(三)析概念,明本质

【问题8】(1)如何理解对应关系 f? 有哪些表示方法?$f(a)$ 与 $f(x)$ 相同吗?

(2)若集合 A,B 与对应关系 f 如图2所示,请判断 $f:A\to B$ 是从集合 A 到集合 B 的函数吗? 如果是,定义域、值域、对应关系各是什么?

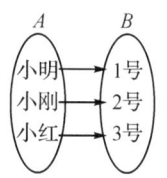 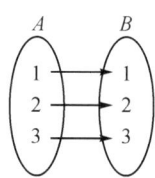 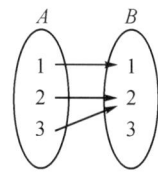 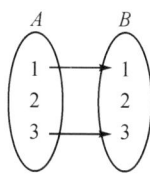 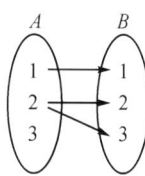

图 2

学生分组思考讨论,给出答案.

师:定义域、值域、对应法则为函数的三要素.

师:现在你能解决本节课开头的疑问吗?

①$y=x$ 和 $y=\dfrac{x^3}{x^2}$ 是否为相同的函数?

②正方形的周长 l 与边长 x 的函数 $l=4x$ 与正比例函数 $y=4x$ 相同吗?

学生思考、判断并回答.

设计意图 更深入地理解了函数的概念、函数的三要素,拓展了知识的外延.课堂前后呼应,回答开头疑问.

(四)用函数,悟思想

【问题9】你能用所学函数定义重新认识一次函数、二次函数、反比例函数吗?能说出相应的定义域、值域和对应关系吗?

师:函数的解析式是舍弃问题的实际背景抽象出来的,它所反映的两个变量间的对应关系,广泛地用于刻画一类事物中的变量关系和变化规律.例如正比例函数 $y=kx(k\neq 0)$,它可以被用来刻画匀速运动中路程与时间的关系,圆的周长与半径的关系等.你能尝试构建一个问题情境,使其中的变量可以用解析式 $y=x(10-x)$ 来描述吗?

学生分组思考讨论,教师寻找学生的精彩答案,展示成果.

设计意图 让学生构建模型,体会函数模型应用的广泛性,加深对函数概念、函数三要素的理解,提升思维品质.

(五)课堂小结

师:请你回顾本节课的学习内容,回答下列问题:

(1)什么是函数?函数的三要素是什么?

(2)对于对应关系 f,你有哪些认识?

(3)相较于初中学过的函数定义,你对函数有什么新认识?

(4)我们是怎样得到函数概念的?你对如何学习数学有什么体会和反思?

学生回顾本节课的内容,思考回答.

师:我们要学会根据函数的定义判断一种关系是否为函数,"分析情境→归纳共性

→抽象概念→概念表示→应用概念"是学习数学概念的一般过程.

师：函数是贯穿高中数学的一条主线，是解决数学问题的基本工具；以后我们还将学习研究函数的三要素、函数的性质、函数模型等.

设计意图 先引导学生从函数概念生成过程、理解等角度进行小结，体会函数概念及数学思想方法的重要作用，再介绍后续的学习内容，激发学生学习动力.

(六)课堂练习

1. 一枚炮弹发射后，经过26 s落到地面击中目标，炮弹的射高为845 m，且炮弹距地面的高度h(单位：m)与时间t(单位：s)的关系为$h=130t-5t^2$. 求函数的定义域与值域，并用函数的定义描述这个函数.

2. 2016年11月2日8时至次日8时(次日的时间前加0表示)北京的温度走势如图3所示.

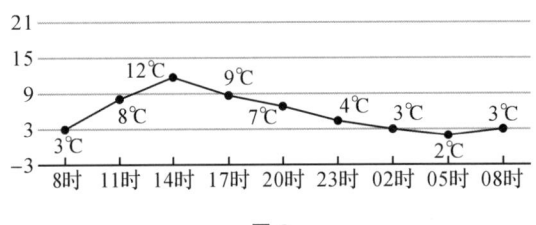

图3

(1)求对应关系为图中曲线的函数的定义域与值域.

(2)根据图象，求这一天12时所对应的温度.

3. 构建一个问题情境，使其中的变量关系能用解析式$y=\sqrt{x}$来描述.

设计意图 第1题检测学生对函数三要素的认识，考查用函数定义描述函数的掌握情况；第2题检测学生通过图象判断函数三要素和应用函数定义求具体函数值；第3题检测学生对用函数模型描述实际生活中变量关系的应用能力.

七、课后作业

(一)基础性作业

1. 阅读教科书(必修·第一册)第97页，简述函数的形成与发展过程.
2. 完成教科书(必修·第一册)第72～73页习题3.1中第1、11、14题.

(二)反思性作业

3. 请你寻找一个函数关系，并尝试用表格、图象、解析式和语言等多种形式进行描述.

八、教学反思

本节课精心选择教学素材,设计了六个教学环节,通过问题链引导学生生成概念、应用概念,有效实现了教学目标,发展了学生的核心素养.

在选材方面,教师有效利用初中教材和高中教材,注重初高中的衔接,特别突出新教材的特点,将函数融入科技背景,弘扬爱国主义情怀,有效利用章引言很好地回答了学什么、怎么学、为什么这样学等问题.

在教学过程设计方面,教师首先创设情境,激发学生认知冲突,让学生认识到有必要进一步学习函数概念;然后通过分析四个问题情境,让学生充分认识函数的三要素,抽象概括出函数定义;接着通过问题辨析概念,理解本质;再用函数的定义重新认识已学过的函数,解决新的函数问题;最后总结新知识,归纳学习数学概念的一般过程.这些教学环节环环相扣,注重函数概念的发展生成和数学思想方法的渗透,关注学生思维水平的提升.

在发展核心素养方面,教师创设情境,引导学生自主探究、合作学习,经历概念生成的过程.本节课学生学习兴趣浓厚,课堂参与度高,数学抽象等核心素养得到提升.

课前教师将全班学生分成若干个小组,课上呈现的问题均由这些小组讨论解决,但是数学也需要独立思考探索,因此教师可以适当增加独立思考环节.函数的概念是很抽象的,学生们从四个问题情境归纳出函数的概念需要很长时间,通过实践可知教学时间紧张,可以适当压缩引入部分;教学语言可以再精炼,与学生的交流需再简洁高效些.

双曲线的简单几何性质

三门中学　董玲飞

一、教学内容

本节课的内容取自人教 A 版普通高中数学教科书（选择性必修·第一册）第三章《圆锥曲线的方程》第二节《双曲线》.本节课是学生已掌握双曲线的定义及其标准方程后的一节新课.它是学生必须掌握的一块内容，也是高考的一个重要考点，还是深入研究双曲线，灵活运用双曲线的定义、方程、性质解题的基础.

二、教学目标

1.运用双曲线的标准方程讨论双曲线的范围、对称性、顶点、渐近线、离心率等几何性质.

2.掌握双曲线标准方程中 a,b,c 的几何意义，理解双曲线渐近线的概念.

3.类比椭圆性质的探求过程，获得双曲线的简单几何性质，反思椭圆与双曲线的异同点，感受反思性思维方式，提高学生的反思性数学学习能力.

三、学情分析

在大单元教学指引下，学生已具备研究圆锥曲线的基本方法和基本活动经验.在本节课的教学过程中，学生需类比椭圆的简单几何性质的研究内容和研究方法，得到双曲线的简单几何性质的研究内容和研究方法，让课时教学和大单元设计有效对接，进一步形成研究解析几何的一般观念，提升研究问题的关键能力.

四、教学重难点

1.教学重点：类比椭圆的学习经验推导出双曲线的简单几何性质.

2.教学难点：能深入理解渐近线和离心率.

五、教学策略

本节课类比椭圆的简单几何性质的学习历程，通过给定双曲线的方程进行简单几何性质的探究，结合启发式教学原则，引导学生对问题解决的方法进行归纳和反思.

六、教学过程

(一)温故知新,提出问题

【问题1】类比椭圆的学习经验,我们学习了双曲线的标准方程,接下来可以继续研究什么?

教师带领学生一起回顾圆锥曲线的一般研究路径:

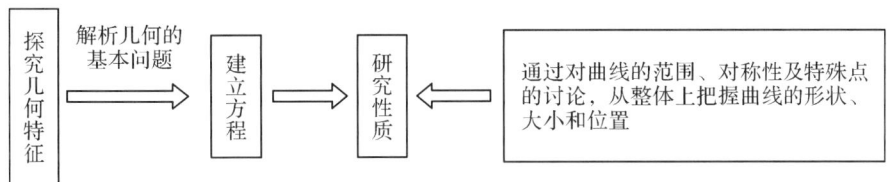

图1

设计意图 通过回顾圆锥曲线的一般研究路径,呈现大单元的设计流程.大单元理念下的教学设计,有利于学生回想自己已有的基本方法和基本活动经验,为《双曲线的简单几何性质》这一课时教学的展开提供方向.

【问题2】类比椭圆几何性质的研究,你认为应该研究双曲线的哪些几何性质?

生:范围、对称性、顶点.

师:如何想到这些研究内容?

生:类比椭圆的研究内容.

师:类比椭圆的研究方法,能说出该如何研究上述内容吗?

生1:观察双曲线的图象.

生2:观察图象只能直观感知,无法精准证明,应该借助双曲线的方程进行代数推理.

设计意图 在研究曲线几何性质的一般套路指引下,通过类比椭圆的几何性质,找到研究双曲线几何性质的内容和方法.这两个问题的设计始终围绕单元教学目标,为本课时的教学内容和教学目标的生成提供了自然依据.

(二)联想激活,抽象概括

学生自主思考,得出初步结论.教师启发诱导,点拨释疑,补充完善得到双曲线 $\dfrac{x^2}{a^2} - \dfrac{y^2}{b^2} = 1(a>0,b>0)$ 的几何性质:

1.范围

生:由图象可知 $x \geq a$ 或 $x \leq -a$.

师：如何用代数方法证明？

生：将双曲线的方程进行变形，由 $\dfrac{x^2}{a^2}=1+\dfrac{y^2}{b^2}\geq 1$ 可得 $x^2\geq a^2$，所以 $x\geq a$ 或 $x\leq -a$.

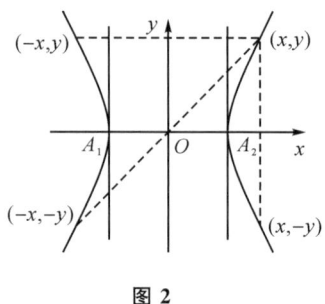

图 2

2. 对称性

生：图象关于 x 轴、y 轴和原点都是对称的.

师：x 轴、y 轴是双曲线的对称轴，原点是双曲线的对称中心，双曲线的对称中心叫做双曲线的中心．如何验证上面的结论？

生：如图 2，任取双曲线上点 $P(x,y)$，则点 $(x,-y)$，$(-x,y)$，$(-x,-y)$ 的坐标都满足双曲线的方程，所以这些点都在双曲线上．

师：曲线的对称，本质上是什么？

生：曲线由点构成，实质上是点的对称．

3. 顶点

生 1（"形"的角度）：(1) 双曲线与 x 轴有两个交点 $A_1(-a,0)$，$A_2(a,0)$. (2) 双曲线与 y 轴没有交点.

生 2（"数"的角度）：令 $y=0$，得到 $x=a$ 或 $x=-a$，所以 $A_1(-a,0)$，$A_2(a,0)$. 令 $x=0$，$y^2=-b^2$，双曲线的方程在实数范围内无解.

师：双曲线和它的对称轴有两个交点，它们叫做双曲线的顶点．根据双曲线的方程我们可以得到双曲线和 y 轴没有公共点，但我们也把 $B_1(0,-b)$，$B_2(0,b)$ 画在 y 轴上．线段 A_1A_2 叫双曲线的实轴，实轴长为 $2a$，线段 B_1B_2 叫双曲线的虚轴，虚轴长为 $2b$. 实轴与虚轴等长的双曲线叫等轴双曲线．

4. 渐近线

【问题 3】根据上述三个性质，能较为精确地画出双曲线的图象吗？

生 1：只要确定其第一象限部分，根据对称性即可画出．

生 2：当 x 无限变大时，y 也无限变大，但我不知它的趋势如何？

师：回想初中学过的双曲线，你认为双曲线的两支向外延伸有什么限制吗？

生 1：无限靠近一条直线但永远不能相交．

生2:是不是存在渐近线?

师:我们该如何研究呢?

生:回归双曲线的方程.

师:当 x,y 都趋向无穷大时,"1"对整个方程的影响很小,几乎趋于"0",双曲线的方程和方程 $\frac{x^2}{a^2}-\frac{y^2}{b^2}=0(a>0,b>0)$ 近乎是一致的.那么,方程 $\frac{x^2}{a^2}-\frac{y^2}{b^2}=0(a>0,b>0)$ 表示什么曲线呢?

生: $\frac{x^2}{a^2}-\frac{y^2}{b^2}=0(a>0,b>0)$ 可写成 $\frac{x}{a}\pm\frac{y}{b}=0(a>0,b>0)$,该方程表示两条直线.

师:一般地,双曲线 $\frac{x^2}{a^2}-\frac{y^2}{b^2}=1(a>0,b>0)$ 的两支向外延伸时,与两条直线 $\frac{x}{a}\pm\frac{y}{b}=0(a>0,b>0)$ 逐渐接近,我们把这两条直线叫做双曲线的渐近线.实际上,双曲线与它的渐近线无限接近,但永远不相交.

设计意图 通过问题3及其追问引导学生进一步回归双曲线的方程 $\frac{x^2}{a^2}-\frac{y^2}{b^2}=1(a>0,b>0)$,精确研究双曲线的图象,直观感知渐近线,提出并论证渐近线.

【问题4】在同一坐标系中画出双曲线 $\frac{x^2}{4}-\frac{y^2}{9}=1$ 和双曲线 $\frac{x^2}{4}-\frac{y^2}{4}=1$ 的图象,并观察两条双曲线有什么异同点.

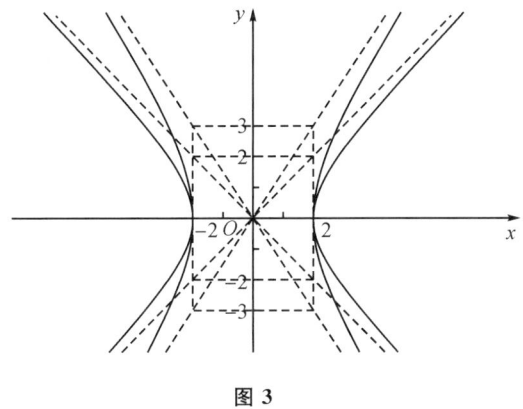

图3

生1:顶点一样,张口大小不一样.

生2: b 大的张口大.

生3:渐近线与 x 轴的夹角越大,张口越大.

师:类比椭圆,你能找出一个量来刻画双曲线张口的大小吗?

生1:渐近线的斜率.

生2: $\frac{c}{a}$ 的值也可以.

设计意图 通过练习让学生动手精确画出双曲线的图象,并能深刻理解渐近线的概念,在同一坐标系中直观感受两条双曲线的图象的差异;通过"几何画板"动画演示,让学生发现渐近线的斜率能刻画双曲线张口的大小,为离心率这一几何性质的提出做好铺垫.

5. 离心率

【问题5】 我们定义 $e=\dfrac{c}{a}$ 为双曲线的离心率. 你能用代数方法证明你们刚才的猜想吗?

生:$k=\tan\theta=\dfrac{b}{a}$,而 $\dfrac{c^2}{a^2}=1+\dfrac{b^2}{a^2}$,$e=\dfrac{c}{a}=\sqrt{1+\dfrac{b^2}{a^2}}(e>1)$. e 越大,"张口"越大;e 越小,"张口"越小.

设计意图 通过确定双曲线的两个几何量的关系,由图的直观到数的论证,体现直观想象和逻辑推理的基本素养的渗透,进一步落实解析几何的解题思想和研究方法.

师:请同学们根据我们刚才的研究过程和方法自行整理双曲线的相关性质,并给出焦点在 y 轴上的双曲线的相关性质.

学生整理相关性质,教师指导.

表 1

图形	(焦点在 x 轴上的双曲线图形)	(焦点在 y 轴上的双曲线图形)
方程	$\dfrac{x^2}{a^2}-\dfrac{y^2}{b^2}=1(a>0,b>0)$	$\dfrac{y^2}{a^2}-\dfrac{x^2}{b^2}=1(a>0,b>0)$
范围	$x\geqslant a$ 或 $x\leqslant -a$,$y\in\mathbf{R}$	$y\geqslant a$ 或 $y\leqslant -a$,$x\in\mathbf{R}$
对称性	关于 x 轴、y 轴、原点对称	关于 x 轴、y 轴、原点对称
顶点	$A_1(-a,0)$,$A_2(a,0)$	$A_1(0,-a)$,$A_2(0,a)$
离心率	$e=\dfrac{c}{a}(e>1)$	$e=\dfrac{c}{a}(e>1)$
渐近线方程	$\dfrac{x}{a}\pm\dfrac{y}{b}=0(a>0,b>0)$	$\dfrac{y}{a}\pm\dfrac{x}{b}=0(a>0,b>0)$

(三)运用巩固,内化迁移

【问题6】 求双曲线 $9y^2-16x^2=144$ 的实半轴长和虚半轴长、半焦距、焦点坐标、离心率、渐近线方程及两条渐近线夹角的正切值.

师:如何由方程读出双曲线的简单几何性质?需注意什么?

生:根据双曲线的标准方程可快速读出 a,b.

【变式 1】 已知双曲线的渐近线方程是 $y=\pm\dfrac{4}{3}x$,虚轴长为 9,求双曲线的标准方程.

生 1:讨论焦点的位置,设出双曲线的标准方程,确定 a,b 的值.

生 2:根据渐近线方程直接设双曲线的方程为 $y^2-\dfrac{16}{9}x^2=\lambda(\lambda\neq 0)$,再讨论 λ 的正负性,化为标准方程确定 a,b 的值.

师:你能说说这两种方法的优缺点吗?

设计意图 通过问题 6 和变式 1,能够根据所学知识熟练掌握并巩固双曲线的简单几何性质,再次梳理研究的方法和过程,实现内化迁移.已知双曲线渐近线方程及相关性质求双曲线的标准方程,明确其充要性(必须有两个独立的条件),从而迁移出共渐近线的双曲线系方程为:$y^2-\dfrac{16}{9}x^2=\lambda(\lambda\neq 0)$.

【变式 2】 求与双曲线 $\dfrac{x^2}{9}-\dfrac{y^2}{16}=1$ 有相同渐近线,且过 $(-3,2\sqrt{3})$ 的双曲线的方程.

生 1:先求出该双曲线的渐近线方程 $\dfrac{x^2}{9}-\dfrac{y^2}{16}=0$,再讨论焦点位置,设出标准方程.

生 2:设双曲线方程为 $\dfrac{x^2}{9}-\dfrac{y^2}{16}=\lambda(\lambda\neq 0)$,把点 $(-3,2\sqrt{3})$ 直接代入方程求出 λ.

生 3:根据渐近线和点的位置可知双曲线的焦点位置,可设标准方程为 $\dfrac{x^2}{a^2}-\dfrac{y^2}{b^2}=1(a>0,b>0)$.

师:通过这题的一题多解,你能说出确定双曲线的标准方程需要几个独立条件吗?需要注意什么?

生 1:两个条件可解决两个未知数.

生 2:需要确定双曲线的焦点位置,才能确定方程.

生 3:可结合图形,避免分类讨论.

设计意图 通过对变式 2 的解答,熟悉双曲线的相关性质,熟练应用待定系数法求双曲线的标准方程.通过一题多解的讲解,明确方法间的差异,学会选择最优解法.

(四)回顾反思,拓展问题

师:通过本节课的学习,你有哪些收获?

生 1:研究了双曲线的简单几何性质.

生 2:由双曲线的图象可直观得其几何性质,但不够严谨,还需由双曲线的方程(数)严格论证.

生 3:在学习中我们类比了椭圆,用了类比的思想、数形结合思想、分类讨论思想.

师:基于本节课对双曲线简单几何性质的研究,你学会了研究解析几何的一般方法吗?

生1:图象法.

生2:用方程来研究曲线.

师:对于抛物线,你有研究的思路了吗?

设计意图 通过课堂小结,回顾反思本节课的研究内容和研究方法,并提出下节课研究的内容.

七、课后作业

(一)基础性作业

1. 类比椭圆的方程及其简单几何性质的研究过程,请同学们利用双曲线的方程探索双曲线的简单几何性质,并以表格的形式呈现.

2. 已知对称轴都在坐标轴上的等轴双曲线的一个焦点是 $F_1(0,8)$,求双曲线的标准方程和渐近线方程.

3. 焦点在 x 轴上的双曲线的两条渐近线方程为 $\frac{x}{a} \pm \frac{y}{b} = 0 (a>0, b>0)$,请同学们证明此结论.

(二)反思性作业

4. 类比椭圆、双曲线方程及简单几何性质的研究方法和思路,若研究抛物线,可以如何研究?

设计意图 题1为课前探究.学习了椭圆后,学生应该具备类比推理的能力.设计课前探究能促进学生迁移运用所学的能力,加深学生对研究过程的理解和认识,也能在课堂上提升效率,做到有的放矢.题2巩固本节课的基本内容、基本方法,达到课程标准的要求.由于课堂上对双曲线的渐近线只做了图象上的直观感知,没有进行数的严格论证,而题3能让学生再次体会解析几何的思想,用代数的方法解决几何问题.题4是一道反思性作业,通过对本节课研究思路和方法的归纳和梳理,引导学生尝试分析抛物线的标准方程和简单几何性质,深刻体会解析几何中"用代数的方法解决几何问题"的核心理念.

八、教学反思

本节课基于"五环十步"教学法,在单元教学的整体架构下从整体上把握如何通过类比的方法让学生在研究曲线的一般思路下自觉得出双曲线的简单几何性质,进一步培养学生自主学习、解决问题的能力.但遗憾的是本教学设计对学生要求较高,速度过快,容量大,少部分同学在探求新知识上存在一定困难.

对数的概念（第一课时）

台州市金清中学　朱善聪

一、教学内容

本节课的内容取自人教 A 版普通高中数学教科书（必修·第一册）第四章《指数函数与对数函数》第三节《对数》. 对数运算是指数运算的逆运算，在实际生活中具有广泛的应用. 对数的运算性质丰富，有积的对数等于对数的和、商的对数等于对数的差以及一个数的 n 次方的对数等于这个数的对数的 n 倍等. 在理解对数概念时，教师须引导学生体会数学符号抽象的过程. 对数的运算性质和换底公式都是由对数的概念推导得来，并且与指数的运算性质有着密切联系，环环相扣.

二、教学目标

1. 通过指数幂运算，理解对数的概念，了解对数与指数之间的关系；能结合例题，了解两类表达式的意义，进一步理解底数、指数（对数）、幂（真数）三者之间的关系在本质上是一致的.

2. 掌握对数与指数之间相互转化的过程，在理解对数概念的基础上，学会应用对数概念解决指数式转化为对数式，对数式转化为指数式的问题.

3. 熟练掌握对数的概念，运用对数的概念解决求真数、底数以及对数式的值的问题；树立数学符号抽象的概念，提升计算能力以及抽象思维能力.

三、学情分析

本节课的授课对象是高一学生. 之前，学生学习了指数与指数函数，初步获得了研究一种新的运算对象的"基本思路". 在理解对数概念时，学生可以类比指数式的学习，体会抽象的数学符号. 理解对数的概念，建立知识之间的前后联系，可以为接下来学习对数的性质、换底公式做铺垫.

四、教学重难点

1. 教学重点：对数的概念，对数式与指数式之间的相互转化.

2.教学难点:理解对数的概念,利用对数式与指数式之间的相互转化计算求值.

五、教学策略

本节课将搭建"问题—反思—问题—再反思"的教学模式,设计问题链,并结合启发式教学原则,采用学生探究和教师讲授相结合的方法.

六、教学过程

(一)名言导入

师:同学们,著名数学家拉普拉斯说,对数用缩短计算的时间来使天文学家的寿命加倍.伟大的思想家恩格斯说,对数的发明、解析几何的创设、微积分的建立,可以并称为17世纪数学的三大成就.那么,什么是对数?

设计意图 导入名言,渗透数学史,将历史溯源放到课堂之中,生动展现对数的魅力,提升学生的学习兴趣.

(二)情境设置

【问题1】截至1999年底,我国人口约13亿,如果今后能够将人口年平均增长率控制在1%,设 x 年后我国人口数为1999年底人口数的 y 倍,你能建立 y 与 x 之间的关系吗?

生:$y=1.01^x$.

师:这是一个函数正确的表达形式吗?还要补充什么条件?

生:$x>0$.

设计意图 对数函数与指数函数有着密切联系,通过情境设置,让学生回顾指数函数,并指明学生回答中不完善的地方——倍数应该用正数来表达.

师:如何计算10年、20年、30年后人口数分别可达到1999年底人口数的多少倍?要想求幂的值,应已知什么条件?

生:将 $x=10, x=20, x=30$ 分别代入式子 $y=1.01^x$.

师:这类问题属于已知底数和指数,求幂的值的问题.因此,要想求幂的值应已知底数和指数.

【问题2】那么,经过多少年后,人口数可达到1999年底人口数的2倍、3倍、4倍?

生:列式 $2=1.01^x, 3=1.01^x, 4=1.01^x$,求 x.

师:此类问题的本质是什么?

生:此类问题的本质是已知底数和幂的值,求指数.

师:怎样求指数呢?即在 $a^x=N(a>0$ 且 $a\neq 1)$ 中,已知 a, N,求 x.

师:这是一种新的运算,所以我们要引入新的符号.这就是我们今天要学的对数.

设计意图 在学生思考如何求指数时,顺利地引入对数的概念,使学生在学习过程中有意识地将对数和指数的概念形成对比.同时,这也是一个从具体到抽象的过程,有利于培养学生的抽象素养.

(三)生成概念

一般地,如果 $a^x=N(a>0,$ 且 $a\neq 1)$,那么数 x 叫做以 a 为底 N 的对数,记作 $x=\log_a N$,其中 a 叫做对数的底数,N 叫做真数.当 $a>0$,且 $a\neq 1$ 时,我们把 $a^x=N$ 称作指数式,把 $\log_a N=x$ 称作对数式.(板书)

师:通过上述问题引入符号 $\log_a N$,相应地,把 a 叫做对数的底数,N 叫做真数.对数运算是乘方运算的一种逆运算:$\log_a N$ 是一个确定的数,是表示数的一种方式;$\log_a N$ 是 $a^x=N$ 中的 x 相对应的那个数,即相对应的指数.

教师通过实例让学生深入了解对数:

由于 $2=1.01^x$,所以 x 就是以 1.01 为底 2 的对数,记作 $x=\log_{1.11}2$.

由于 $16=2^4$,所以 4 就是以 2 为底 16 的对数,记作 $4=\log_2 16$.

(四)深化概念

【问题3】 根据对数的定义,思考指数式与对数式之间的关系.

生:对数式和指数式是表示 a,x,N 三者之间同一关系的两种表达形式,可相互转化.当 $a>0$,且 $a\neq 1$ 时,$a^x=N \Leftrightarrow x=\log_a N$.

师:这就是指数式与对数式之间的关系,a,x 和 N 位置的不同以及它们的含义、互化,体现了等价转化的数学思想.

设计意图 学生若理解不清对数式与指数式之间的关系,在应用对数概念进行运算时,会出现符号混乱的现象.这就要求教师在教学时先要让学生清楚指数式中哪个是指数,哪个是底数,再思考对数式中真数是指数式中的哪部分,避免当题目中换成其他字母时,学生就不清楚该如何进行指对互化.对于对数的性质及零和负数没有对数的理解,教师要引导学生思考,结合指数式加以证明.

【问题4】 将指数式 $10^{-2}=0.01$ 化为对数式.

生:$-2=\log_{10}0.01$.

师:我们通常将以 10 为底的对数叫做常用对数,并把 $\log_{10}N$ 记作 $\lg N$.在科技、经济以及社会生活中经常使用以无理数 $e=2.71828\cdots$ 为底数的对数,以 e 为底的对数称为自然对数,并把 $\log_e N$ 记为 $\ln N$.

师:说出下列各式的意义,并将其转化为指数式.(①$\lg 100=2$,②$\ln 10=2.303$)

生:这是对数式,转化为指数式分别为 $10^2=100,e^{2.303}=10$.

设计意图 介绍常用对数和自然对数,检验学生对特殊对数的理解情况,为解题以及换底公式的学习做铺垫.

【问题5】 对数式 $\log_a N = x$ 中 a,x,N 相应的取值范围是怎样的？任何实数都有对数吗？

生：$a\in(0,1)\cup(1,+\infty),x\in\mathbf{R},N\in(0,+\infty)$.

师：负数和零为什么没有对数？

生：任何一个正数的幂的值均是正数，所以负数和零没有对数.

设计意图 正确理解对数定义中底数的取值范围，为以后对数函数定义域的确定做准备．同时，注意对数的书写格式，避免因书写不规范而产生的错误.

(五)类比迁移

【问题6】 $a^0=1,a^1=a(a>0,$ 且 $a\neq 1)$，把它们化为对数式会得到什么呢？

生：$\log_a 1=0,\log_a a=1$.

师：我们将以上两个式子称为对数恒等式.

设计意图 理解和掌握对数的性质，培养学生类比、分析、归纳能力.

(六)课堂练习

1.把下列指数式化为对数式，对数式化为指数式.

(1) $5^4=625$.　　　(2) $2^{-6}=\dfrac{1}{64}$.　　　(3) $\left(\dfrac{1}{3}\right)^m=5.73$.

(4) $\log_{\frac{1}{2}}16=-4$.　　　(5) $\lg 0.01=-2$.　　　(6) $\ln 10=2.303$.

2.求下列各式中 x 的值.

(1) $\log_{64}x=-\dfrac{2}{3}$.　　　(2) $\log_x 8=6$.　　　(3) $\lg 100=x$.　　　(4) $-\ln e^2=x$.

学生练习并在黑板上展示结果．教师规范解题过程，总结应用指对互化解决对数中求未知数的问题(知二求一)：首先将对数式化为指数式，再求解 x 的值.

设计意图 指导学生在互化时要注意参数的取值范围，培养学生严谨的思维品质.

(七)历史溯源

16世纪末至17世纪初的时候，当时在自然科学领域(特别是天文学)上经常遇到大量精密又庞大的数值计算，于是数学家们为了寻求化简的计算方法而发明了对数.

对数的创始人是苏格兰数学家纳皮尔(J. Napier,1550~1617)．他利用对应思想，发明了供天文学计算作参考的对数，并于1614年出版了《奇妙的对数定律说明书》，公布了他的发明，编制了一张对数表，如表.

4	5	6	7	8	9	10	11	12	13	14
16	32	64	128	256	512	1024	2048	4096	8192	16384

比如:结合表格,要计算 32×512,32 对应第一行中的 5,512 对应第一行中的 9,$5+9=14$,第一行中的 14 对应的数是 16384,所以 $32\times512=16384$.要计算 $16384\div32$,16384 对应第一行中的 14,32 对应第一行中的 $5,14-5=9$,第一行中的 9 对应的数是 512,所以 $16384\div32=512$.实现了把乘除运算降维为加减运算,节省了计算的时间.

(八)课堂小结

(1)对数的概念,指数式与对数式的互化.
(2)特殊的对数:自然对数、常用对数.
(3)对数的重要结论及运用.
(4)对数发明的历史背景及原理.

设计意图 通过课堂小结,形成关于本节内容的知识网络,构建自己的知识体系.

七、课后作业

(一)基础性作业

1. 将下列指数式写成对数式,对数式写成指数式.

(1)$3^x=1$.　　(2)$x=\log_5 27$.

2. 求下列各式中 x 的值.

(1)$\log_9 27=x$.　(2)$\log_5 125=x$.　(3)$\log_x 16=2$.　(4)$\log_{81} x=-\dfrac{3}{4}$.

3. 求下列各式中 x 的值.

(1)$\log_3(\lg x)=1$.　(2)$\log_8[\log_7(\log_2 x)]=0$.

4. 在 $M=\log_{(x-3)}(x+1)$ 中,要使式子有意义,x 的取值范围为　　　　(　　)

A.$(-\infty,3]$　　　　　　B.$(3,4)\cup(4,+\infty)$

C.$(4,+\infty)$　　　　　　D.$(3,4)$

5. 阅读教科书(必修·第一册)第 128 页的《对数的发明》,并观看视频《数学工具——对数是怎么发明的》,通过查询互联网,进一步了解无理数 e、常用对数和自然对数.

(二)反思性作业

6. 证明对数恒等式:$\log_a a^n=n,a^{\log_a N}=N$.

设计意图 题 1 检测指对互化的应用,考查学生对对数概念的掌握情况.题 2 检测利用对数概念计算对数式的值,利用指对互化求解对数中的未知数.题 3、题 4 重在能力提升.题 3 检测对数的性质,1 的对数是 0,题 4 检测对数式中每个字母的取值范围.底数的对数是 1;题 5 具有一定的开放性,旨在提高学生阅读能力,拓宽学生视野.题 6 是一道反思性作业,帮学生巩固对数的概念,较好地掌握指对互化,发现学习过程中存在的问题,弥补教学中的不足.

八、教学反思

本节课的亮点在于数学史的渗透,17世纪数学的三大成就一开始就吸引了学生.将历史溯源放到课堂之中,对课堂教学的生成非常有效,学生参与度较高.对数就是一种降维运算,教学时教师首先要类比指数运算法则,唤起学生记忆;其次要强化法则使用的条件,提醒学生注意对数式中每个字母的取值范围.

弧度制

仙居县城峰中学 张 嫣

一、教学内容

本节课的内容取自人教 A 版普通高中数学教科书(必修·第一册)第五章《三角函数》第一节《任意角和弧度制》.弧度制的本质是用线段长度度量角的大小.高中函数概念强调函数是实数集合与实数集合之间的对应,因为只有这样才能进行基本初等函数的运算(四则运算、复合、求反函数等),使函数具有更广泛的应用性.此外,三角函数能够较好地描述钟摆、潮汐等周期现象,这时的自变量不一定是角度,可以是时间或其他的量.弧度制的引入能为后续学习微积分的运算提供方便.总之,不论从满足函数定义的要求,还是简化运算的需要,抑或是从三角函数的可用性等方面来看,引入弧度制都是必要的.

在半径不同但圆心角相同的扇形中,利用扇形的弧长公式能够得出弧长与半径之比不变,且该比值与圆半径的大小无关的结论.因此,用该比值度量圆心角的大小是合理的.从特殊角度看,可以在单位圆中用长度为 1 的弧所对的圆心角作为角的度量单位.弧长、半径和角度之间的简单正比关系成为弧度制定义的来源.

在数学史中,从角的两种度量制的发展过程来看,角度制与弧度制的产生有一个共同的特点,就是如何划分圆周长.角度的出现,是源于对圆周运动的观察,而弧度制划分圆周长的方式,统一了角度单位和长度单位.在半径不同的圆中,周长不同但周角不变,我们需要一个定值来刻画这个不变的量.经过观察,发现圆的周长与半径的比值是一个定值 2π,因此用 2π 来刻画周角的大小是合理、科学和自然的.

弧度与角度的互化,体现了事物之间的联系性,认识其中的联系性是数学研究的重要内容之一.

二、教学目标

1.初步体会弧度制引入的背景及必要性,明白同一个量可以用不同的单位制来度量.

2.在圆心角相同但半径不同的扇形中,利用扇形的弧长公式发现弧长与半径之比为定值,体会用该比值作为弧度制定义的来源的合理性;在经历从特殊到一般再到特殊的过程中,感悟数学抽象的层次性及逻辑推理的严谨性.

3.能进行弧度与角度的互化,利用单位圆中弧长的大小等于它所对的圆心角的大小,直观感受用长度度量1弧度的大小,能证明并灵活运用扇形的弧长和面积公式,同时能理解角与实数之间的一一对应关系.

三、学情分析

类比长度、面积等度量问题,学生对同一种量可采用不同的度量单位、如何定义一种新的度量单位有一定的认识.但在圆中,如何制订一种统一的度量角的标准,学生缺乏经验,非常具有挑战性.在长期的学习过程中,学生已经"习惯"了角度制,要真正理解为什么引入弧度制,如何定义1弧度是有一定难度的.这就导致很多学生在学习了弧度制后,经常把角度制与弧度制混用,甚至有学生认为 π 就是弧度制中角的单位.这些都是对弧度制概念的背景和形成过程理解不够深刻导致的.

四、教学重难点

1.教学重点:了解弧度制,能进行角度制与弧度制的互化,体会引入弧度制的必要性.

2.教学难点:对弧度制概念的理解.

五、教学策略

为了加强学生对弧度制概念的理解,以及对1弧度角的直观感受,在教学中教师可以利用信息技术动态演示,还可以利用课前准备的三角板、绳子、量角器等工具动手实践操作.为了避开繁杂的计算,教师可以引导学生使用计算器进行弧度制和角度制的互化.

六、教学过程

【引导语】我们的生活离不开度量,没有度量就没有数学,它是人们认识现实世界的基本工具和表达语言.因此,法国数学家庞加莱曾说:"如果没有测量空间的工具,我们便不能构造空间."

(一)呈现背景,提出问题

【问题1】你能说一下你的身高和体重分别是多少吗?

学生回答,教师将数据记录在黑板上.

追问1 你能说说度量的一般方法是什么?(教师幻灯片演示图1)

度量单位	1厘米	1kg	1升	⋯
直观表示	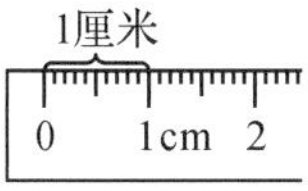 1厘米 0 1cm 2	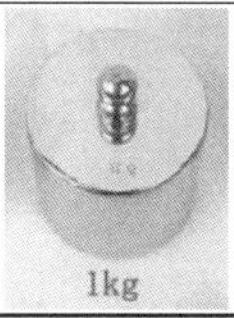 1kg	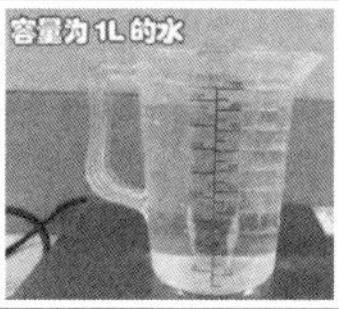 容量为1L的水	⋯

图1

教师引导学生抽象概括出度量的一般方法,即先定义一个度量单位作为度量的标准,再计算所要度量的对象含有多少个度量单位,体会度量的本质.

追问2 度量长度、质量的单位是唯一的吗?度量同一种量,为什么要制订不同的单位制?

学生独立思考,举手回答:不同的单位制会为解决问题带来方便.

追问3 刚才有同学采用米来度量自己的身高,如果想要采用一种新的度量单位(如厘米)来度量,你们觉得对这个新的度量单位,我们应该研究哪些方面的内容?

学生思考、小组讨论,得出对这个新的度量单位应该研究定义、表示和换算等内容.

设计意图 通过一个熟悉的生活情境,体会度量是人类生产生活中必不可少的内容;结合度量面积、体积等,抽象概括出度量的一般方法,为自主建立完整的1弧度的概念提供"模板"(定义→表示),同时也为后面弧度制的引进埋下伏笔.

【**问题2**】计算:(1)$30°27'54''+20°32'7''$.(2)$30°+\sin 30°$.(3)$\sin(\sin 30°)$.

教师留出时间,学生独立思考.不少学生对第(2)(3)题产生困惑,不知如何计算.

追问1 我们学过哪些度量角的单位?$1°$的角我们是如何定义的?度、分、秒之间又是如何换算的?

学生回忆,解答第(1)题.

追问2 请同学们回忆之前我们学习的函数,它们的自变量和函数值都是十进制的实数.如果一个函数的自变量和函数值不统一,就会阻碍这个函数通过四则运算、复合等形成其他初等函数.该怎样克服角度制下不能算 $x+\sin x$ 的问题?

设计意图 通过对上面数学情境的探究,感受角度制运算的不便,并引发学生的认知冲突,思考计算 $x+\sin x$ 的意义,自主寻求解决问题的办法,激发学生探究的欲望.

【**问题3**】长度、面积等的度量可以有不同的单位制,能否通过美化,对角的度量提出一个大胆的猜想?

设计意图 在关联的情境中,类比推理,明确本节课要研究的问题,即寻找十进制的实数来刻画角的大小方法并重新定义、表示角的度量单位.

(二)探求规律,建立模型

1.直观感知,提出猜想

【**问题4**】如图2,射线 OA 绕端点 O 逆时针旋转到 OB 形成角 α.请同学们观察,在旋转的过程中,你觉得可以用什么量来刻画角α的大小?

学生通过对图形的直观感知,大胆提出各种猜想:弧长、面积、弦长等(设点P是射线OA上不同于点O的任意一点).

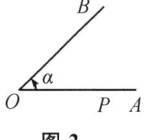

图2

追问 1 这些量中,你们觉得哪个更合适?为什么?

学生先独立思考,再相互交流,达成共识:因为弦长、面积与角之间不具备一一对应关系,所以决定选择弧长来刻画角α的大小.

2.引导反思,制造"惊喜"

追问 2 怎样描述弧长和角α之间的关系呢?以后能否就用弧长作为度量角的标准?刚才所取的点P,我们是怎么取的?

学生定性地描述弧长和角α之间的关系:弧长越长,角α越大.教师通过"能否就用弧长作为度量角的标准"引导学生反思标准的合理性,发现弧长和半径的关系.

追问 3 刚才我们只是从形上,粗略地感受了弧长、角、半径三者间的关系,你能用更精确的数学语言描述这三者间的关系吗?

学生从定性描述到定量表示:$l=\dfrac{n\pi r}{180}$.

追问 4 那半径不知道该怎么办?

学生寻找解决方案,小组讨论.教师请部分同学发表观点.

方案1:把 r 除过去,即 $\dfrac{l}{r}=\dfrac{n\pi}{180}$. 方案2:特殊化,取 $r=1$.

追问 5 你们觉得这两个方案可行、合理吗?

学生解释提出方案1的理由:在射线OA上任取一点Q(点Q不同于点O和点P),$OQ=r_1$.在旋转过程中,点Q所形成的弧长为l_1,那么$\dfrac{l_1}{r_1}=\dfrac{n\pi}{180}=\dfrac{l}{r}$,即圆心角α所对的弧长与半径的比值,与半径的大小无关,只与角α的大小有关.角定下来,那么$\dfrac{l}{r}$这一比值就定下来,反之也成立.这样,我们就在角α和比值$\dfrac{l}{r}$之间建立了一一对应的关系,而这个比值恰好就是十进制的实数.接下来,教师用几何画板直观演示.学生解释提出方案2的理由:把角放到单位圆中,角α的大小就可以由弧长确定,显得更简洁.

设计意图 以初中所学的弧长公式为知识的逻辑起点,通过对动态图形的直观感知,大胆猜想,小心求证.在经历从特殊到一般再到特殊的过程中,逐步体会用比值作为弧度制定义的来源的合理性,加深了对弧度制概念的理解,养成一般性思考问题的习惯,感悟数学抽象的层次性及逻辑推理的严谨性.

3.得出概念,构建模型

【问题5】结合上面的探究过程,你能试着画出一个单位角,并给一个单位角下一个定义吗?特殊的,在单位圆中如何确定一个单位角?

学生尝试画图,并用自己的语言说出1弧度角的定义.在单位圆中,我们就可以用弧长来度量角的大小,取名为弧度制.弧度制下的一个单位角叫做1弧度,记为1rad.

追问 半径为r的圆中,弧长为l的弧所对的圆心角为α弧度,这三者之间的关系如何表示?

教师在与学生讨论是否对α套绝对值时,学生可能会提出问题:角已经推广到了任意角,既然角有正负,那弧度数是不是也有正负呢?

师生共同讨论,达成以下共识:在平面直角坐标系中,借助单位圆这一模型(设单位圆与x轴的正半轴的交点为A,角α的终边与单位圆的交点为P),圆心角与弧AP对应.逆时针旋转得到的为正弧,顺时针旋转得到的为负弧.这样用圆心角所对应弧的大小就可以刻画角的大小.因此,角的弧度数可以是任意一个实数.正角的弧度数是一个正数,负角的弧度数是一个负数,零角的弧度数是0.角的弧度数的取值范围是全体实数.在不考虑旋转方向的情况下,弧的长度l、半径r、圆心角弧度数α之间的关系为$|\alpha| = \frac{l}{r}$.

设计意图 尝试用自然语言给1弧度下定义,并自主构建在弧度制下,弧长l、圆心角α和半径r之间的关系.

4. 对比分析,建立联系

【问题6】同一个角,既可以用弧度表示,又可以用角度表示,它们之间一定存在联系,联系的桥梁是什么?从中能找出两者之间的转换公式吗?

学生思考发现可以用特殊角,比如周角、平角作为桥梁把两者联系起来.对圆的周长公式$C = 2\pi r$变形得$\frac{C}{r} = 2\pi$,即$360° = 2\pi$,$180° = \pi$.由此可得:

$$1° = \frac{\pi}{180} \text{rad} \approx 0.01745 \text{rad}.$$

反过来,$1\text{rad} = \left(\frac{180}{\pi}\right)° \approx 57.30° = 57°18'$.

追问 你能说说弧度制与角度制有什么相同点和不同点吗?

学生展开讨论,教师启发、总结提炼:

(1)相同点:都是均分圆周,都与半径无关.

(2)不同点:①均分的标准上,弧度制是以半径为标准,均分圆周.②度量方式上,弧度制是"以弧量角",角度制是"以角量角".③进制上,弧度制是十进制,角度制是六十进制.

设计意图 通过辨析,加深对弧度制的理解,形成良好的认知结构,进一步明白:同一个数学对象用不同方式表示时,它们之间一定存在内在联系,认识其中的关联性是数学研究的重要内容之一.

【问题7】现在我们已经构建了弧度制的概念,回顾刚才概念的构建过程,你能谈谈我们对弧度制的研究过程是怎样的吗?

学生相互交流,明确概念学习的一般路径:背景—定义—辨析—应用.

(三)概念应用,巩固内化

【例1】按照下列要求,把 $67°30'$ 化成弧度:

(1)精确值.(2)精确到 0.001 的近似值.

追问 $67°30'$ 能直接化成弧度吗?你是怎么做的?应该注意什么?

学生独立完成,教师强调:角度化弧度时需把分或秒先统一化成度.

【例2】将 3.14rad 换算成角度(用度数表示,精确到 0.001).

学生独立完成,教师对计算器的使用可以给予必要的指导.

【练习】填写下列特殊角的度数与弧度数的对应表.

度	0°	30°	45°			120°	135°	150°		360°
弧度				$\frac{\pi}{3}$	$\frac{\pi}{2}$			π	$\frac{3\pi}{2}$	

学生独立完成后展示成果.

追问 将角的概念推广后,在弧度制下,角的集合与实数集之间建立了怎样的对应关系?

设计意图 记住常用特殊角的换算,更加明确角的集合与实数集之间的一一对应关系.

【例3】利用弧度制证明下列关于扇形的公式:

(1) $l=\alpha R$.   (2) $S=\frac{1}{2}\alpha R^2$.   (3) $S=\frac{1}{2}lR$.

其中 R 是圆的半径,$\alpha(0<\alpha<2\pi)$ 为圆心角,l 是扇形的弧长,S 是扇形的面积.

追问 为什么在弧度制下这些公式简化了?

学生独立思考,教师进行点评.

设计意图 通过对运算过程和结果的反思,发现换算因子 $\frac{\pi}{180}$.

(四)回顾反思,总结提升

1.你能谈谈为什么要引入弧度制吗?引入弧度制有什么好处?

2.你能谈谈本节课我们是如何构建弧度制的概念的?在这个过程中,你有怎样的感受或疑惑?

学生自主总结回答.

设计意图 通过梳理知识以及知识的探究过程,进一步感受概念形成的一般过程.

七、课后作业

(一)基础性作业

1.完成教科书必修·第一册第175页练习中第3~6题.

2.完成教科书必修·第一册第176页习题5.1中第3、4、5、6、11、12题.

(二)反思性作业

3.通过本节课的学习,你掌握了哪些知识?请你画出框架图.

4.复习函数的概念,以及前面对幂函数、指数函数、对数函数的研究内容、过程和方法,思考接下来如何研究新的函数.

设计意图 巩固对概念的理解,形成知识框架,为后续学习三角函数做好铺垫.

八、教学反思

(一)通过问题引导学生主动思维

教师首先通过一个熟悉的生活情境,引导学生反思归纳度量的一般方法,为后续有序地展开研究做铺垫;再提出数学问题引起认知冲突,激发学生学习新知识的强烈欲望,认识到引入新的度量方式的必要性.本节课注重知识的发生发展过程,围绕为什么引入弧度制、如何定义新的度量方法、不同度量制之间有何联系与区别等问题,设计一连串问题链,引导学生主动思维.

(二)突出类比、推广、特殊化等一般逻辑思考方法

教师首先引导学生类比长度、质量等,发现和提出问题.其次,在弧度制概念的构建过程中,学生先选定一个点,观察以该点为起点形成的弧的长度和半径的关系,再对一般情况做出判断,最后特殊化回归到单位圆.整个过程从特殊到一般再到特殊,有利于学生养成一般性思考问题的习惯,发展学生的数学抽象和逻辑推理素养.

椭圆及其标准方程(第一课时)

台州市黄岩第二高级中学　李　巧

一、教学内容

本节课的内容取自人教 A 版普通高中数学教科书(选择性必修·第一册)第三章《圆锥曲线的方程》第一节《椭圆》,主要学习椭圆的定义及其标准方程.椭圆是描述、刻画世界的重要数学工具,如天体的运动轨迹等.椭圆的定义及其标准方程是对上一章《直线和圆的方程》的延续,也为后续双曲线、抛物线定义及其标准方程,曲线与方程,圆锥曲线的应用等的学习做好知识储备,从而逐渐完善整个圆锥曲线体系.

二、教学目标

1.了解椭圆的实际背景,掌握椭圆的定义及其标准方程,通过对椭圆标准方程的探求,熟悉求曲线方程的一般方法.

2.运用解析法来研究几何的一般方法,能够体会到坐标法在处理几何问题中的优越性,从而进一步掌握求曲线方程的方法和数形结合的思想.

3.感受反思性学习思维方式,不断提高反思性数学学习能力.

三、学情分析

学生第一次接触椭圆,对用坐标法解决轨迹问题的具体步骤可能掌握不到位,在较为烦琐的椭圆标准方程的推导过程中可能会遇到障碍,产生畏难心理.所以,教师需要通过类比建立圆的标准方程的方法,引导学生在椭圆上建立恰当的平面直角坐标系.学生动手操作椭圆的方程的推导过程,感受利用移项、两边平方等数学运算的方法得到椭圆的标准方程,并意识到数学运算在今后学习中的重要性.

四、教学重难点

1.教学重点:掌握椭圆的定义及椭圆的标准方程,会用定义法和待定系数法求椭圆的标准方程,理解坐标法的基本思想.

2.教学难点:椭圆标准方程的推导与化简,坐标法的应用.

五、教学策略

本节课采用探究式、启发式教学方法,采用以问题的提出、问题的解决为主线,始终在学生知识的"最近发展区"设置问题,以学生主动探索、积极参与、共同交流与协作为主体,在教师的引导下实现知识的建构和发展.

六、教学过程

(一)椭圆的概念生成

1. 生活中的椭圆

【问题1】当我们用一个垂直于圆锥的轴的平面截圆锥,截口曲线(截面和圆锥侧面的交线)是一个圆. 如果改变圆锥的轴和截平面所成的角,那么会得到怎样的曲线呢?

师:用一个不垂直于圆锥的轴的平面截圆锥,当截面与圆锥的轴所成角度不同时,得到的截口曲线也不同. 它们分别是椭圆、双曲线、抛物线,统称为圆锥曲线. 椭圆是圆锥曲线的一种,在科研、生产和人类生活中具有广泛的应用. 在生活中,哪些地方有椭圆的身影呢?

生:椭圆形桌子、盘子、火腿肠的斜切面……

设计意图 直观感受椭圆的形状,在生活中寻找例子,建立数学和实际的联系.

2. 绘制椭圆,生成概念

师:取一条定长的细绳,用图钉把绳子两端固定在图纸上,用铅笔尖(M)把细绳拉紧,并在图纸上慢慢移动,看看能画出什么图形?这一过程中,移动的笔尖(动点M)满足的几何条件是什么?(请四名同学走上讲台在黑板上共同参与活动,其他同学分组进行)

生1(第一幕):细绳两端相距特别近,图形很接近圆.

生2(第二幕):细绳两端相距适中,图形更扁一些,椭圆形状更直观.

生3(第三幕):细绳两端相距较远,笔尖绕着细绳转动不那么顺畅,图形更扁长.

生4(第四幕):细绳一端固定后,在固定另一端时之前固定的一端被拉掉了.

学生总结画图变化中的不变量,得出椭圆的定义:平面内,与两个定点F_1,F_2的距离的和等于常数(大于$|F_1F_2|$)的点的轨迹叫做椭圆,这两个定点叫做椭圆的焦点,两焦点间的距离叫做椭圆的焦距.

在归纳椭圆定义的过程中,教师应根据活动中同学们出现的现象,如第三幕和第四幕情形,结合学生回答的情况,突出体现"常数"与"常数的范围"等关键词,同时强调平面内的大前提.

【问题2】 在定义中,如果$|MF_1|+|MF_2|\leqslant|F_1F_2|$,动点$M$的轨迹是什么呢?

生1:当$|MF_1|+|MF_2|=|F_1F_2|$时点M的轨迹为线段F_1F_2.

生2:当$|MF_1|+|MF_2|<|F_1F_2|$时点M的轨迹不存在.

设计意图 改变单一、被动的学习方式,让学生成为学习的主人,给学生提供一个自主探索的学习机会,让学生通过观察、讨论、归纳概括出椭圆的定义.

(二)椭圆的标准方程

1.椭圆标准方程的探求

师:由椭圆的定义,可以知道它的基本几何特征,但椭圆还具有哪些性质,我们还一无所知,所以需要用坐标法先建立椭圆的方程.那么如何建立椭圆的方程呢?请同学们说一说求曲线方程的一般步骤.

生:建系设点—写出点的集合—列出代数方程—化简方程.

师:如何建立适当的平面直角坐标系呢?

生:以过两定点所在的直线为横轴,两定点线段的垂直平分线为纵轴,建立平面直角坐标系.

师:建立平面直角坐标系应遵循简单和优化的原则,如使关键点的坐标、关键几何量(距离、直线斜率等)的表达式简单化,同学们应充分利用图形的对称性建立平面直角坐标系.

师:接下来我们一起化简:$\sqrt{(x+c)^2+y^2}+\sqrt{(x-c)^2+y^2}=2a$,怎么化简带根式的式子呢?

生1:直接将根式平方.

生2:将其中一个根式先移项再平方.

教师先让学生在练习本上自行化简.在此过程中,教师一边巡视,一边给予指导和提示,然后将两位学生的化简过程展示出来,并请学生本人作简要陈述.

师:如何能让方程$(a^2-c^2)x^2+a^2y^2=a^2(a^2-c^2)$更简洁一些?怎么能让方程$\frac{x^2}{a^2}+\frac{y^2}{a^2-c^2}=1$更简洁一些呢?

生:不妨令$b^2=a^2-c^2$,再化简方程得:$\frac{x^2}{a^2}+\frac{y^2}{b^2}=1(a>b>0)$.

师:该方程表示焦点在x轴上的椭圆的标准方程.

设计意图 暴露自然思维,通过比较,得出最简洁的方案,使学生成为学习的主人,由被动地接受变成主动地获取.在师生互动的过程中,让学生体会数学的严谨,使他们的观察能力、运算能力、推理能力得到训练!

【问题3】你能在图1中找出表示 a,b,c 的线段吗?

让点 M 运动到 y 轴正半轴上,学生观察图形自行获得 a,b,c 的几何意义,在教师的讲解过程中体会数形结合思想,引出特征三角形,也为后续学习做好准备.

设计意图　对照图形加以引导,让学生明白方程中字母的几何意义,增进对方程的理解.

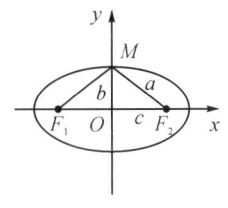

图1

【问题4】如果椭圆的焦点在 y 轴上(如图2),那么椭圆的标准方程又该如何表示?

生:如果椭圆的焦点在 y 轴上(位置不同,调换 x 轴,y 轴),只要将方程 $\dfrac{x^2}{a^2}+\dfrac{y^2}{b^2}=1$ 中的 x,y 调换,可得 $\dfrac{y^2}{a^2}+\dfrac{x^2}{b^2}=1(a>b>0)$.

设计意图　利用类比、对称、化归的思想,体会问题的本质所在,只是位置不同,图形是一致的,得出焦点在 y 轴上的椭圆的标准方程,避免繁杂计算.

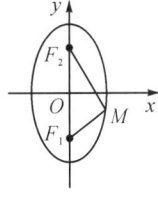

图2

2. 椭圆的标准方程的特点

师:椭圆的两种标准方程有什么异同点? 如何从椭圆的标准方程判断椭圆焦点的位置?

学生进行小组讨论. 教师引导:看形式,看细节.

生:(总结方程特征)①形式上:等号左边都是平方加平方的形式,等号右边都是=1,且 $c^2=a^2-b^2,a>b>0$.

②细节上:x 和 y 顺序交换(焦点位置不同).

③哪个变量下的分母大,焦点就在哪个轴上.

(三)学以致用

【练习1】在平面内,动点 P 到两定点 $F_1(-4,0)$,$F_2(4,0)$ 的距离和是10,则动点 P 的轨迹为　　　　　　　　　　　　　　　　　　　　　　　(　　)

A. 椭圆　　　　　　　　　B. 线段 F_1F_2

C. 直线 F_1F_2　　　　　　D. 无轨迹

【变式1】在平面内,动点 P 到两定点 $F_1(-4,0)$,$F_2(4,0)$ 的距离和是8,则动点 P 的轨迹为　　　　　　　　　　　　　　　　　　　　　　　(　　)

A. 椭圆　　　　　　　　　B. 线段 F_1F_2

C. 直线 F_1F_2　　　　　　D. 无轨迹

【变式2】在平面内,动点 P 到两定点 $F_1(-4,0)$,$F_2(4,0)$ 的距离和是7,则动点 P 的轨迹为　　　　　　　　　　　　　　　　　　　　　　　(　　)

A. 椭圆　　　B. 线段　　　C. 直线　　　D. 无轨迹

【练习2】请完成下列表格：

椭圆方程	图象	a^2	b^2	c^2	焦点坐标
$\dfrac{x^2}{25}+\dfrac{y^2}{16}=1$					
$\dfrac{y^2}{3}+\dfrac{x^2}{2}=1$					
$3x^2+2y^2=6$					

【练习3】(1)已知椭圆的两个焦点坐标分别是$(-2,0),(2,0)$，并且经过点$\left(\dfrac{5}{2},-\dfrac{3}{2}\right)$，求它的标准方程.(2)求适合条件$a+b=10,c=2\sqrt{5}$的椭圆的标准方程.

生：(1) $\dfrac{x^2}{10}+\dfrac{y^2}{6}=1$. (2) $\dfrac{x^2}{36}+\dfrac{y^2}{16}=1$ 或 $\dfrac{y^2}{36}+\dfrac{x^2}{16}=1$.

师：用待定系数法求椭圆标准方程的一般步骤：①定位置：根据条件判断椭圆的焦点是在x轴上，还是在y轴上，若都有可能，则需分类讨论.②设方程.③找关系：根据已知条件建立关于a,b,c的方程组.

设计意图 让学生学会用待定系数法求椭圆的标准方程，分析解答中发现学生思维的闪光点，注重不同思维方法的碰撞.

(四)课堂小结

【问题5】通过本节课，你在知识和方法上有什么收获？

师(总结)：今天我们类比研究圆的基本方法研究了椭圆的定义及其标准方程，接下来我们将继续利用方程来研究椭圆的几何性质.研究圆、椭圆的这一思想将贯穿于整个圆锥曲线的学习中.

设计意图 归纳小结由学生来完成，让学生回顾本节课所学知识与方法，感受反思性学习思维方式，以逐步提高学生自我获取知识的能力和反思性学习能力.

七、课后作业

(一)基础性作业

1.曲线方程$\sqrt{x^2+(y+4)^2}+\sqrt{x^2+(y-4)^2}=10$的化简结果为 ( )

A. $\dfrac{x^2}{25}+\dfrac{y^2}{16}=1$　　　　　　B. $\dfrac{y^2}{25}+\dfrac{x^2}{16}=1$

C. $\dfrac{x^2}{25}+\dfrac{y^2}{9}=1$　　　　　　D. $\dfrac{y^2}{25}+\dfrac{x^2}{9}=1$

2.如图,把椭圆 $\frac{x^2}{25}+\frac{y^2}{16}=1$ 的长轴 AB 分成8等份,过每个等分点作 x 轴的垂线交椭圆的上半部分于 P_1,P_2,…,P_7 七个点,F 是椭圆的焦点,则 $|P_1F|+|P_2F|+\cdots+|P_7F|=$ _____.

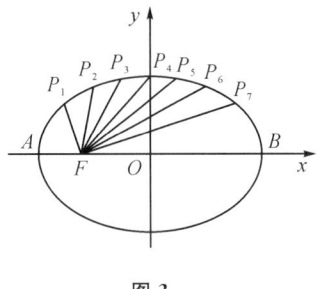

图3

3.过点 $(2,-3)$ 且与椭圆 $9x^2+4y^2=36$ 有相同焦点的椭圆的方程为 _____;经过点 $P(\sqrt{3},-2)$,$Q(-2\sqrt{3},1)$ 的椭圆的标准方程为 _____.

(二)反思性作业

4.方程 $Ax^2+By^2=1$ 什么时候表示椭圆?什么时候表示焦点在 x 轴上的椭圆?什么时候表示焦点在 y 轴上的椭圆?能表示圆吗?

5.周末回家查阅资料,了解圆锥曲线的发展史.收集"天宫一号"及"神舟十五号"相关信息,了解我国航天事业的发展情况.

设计意图 题1、题2、题3为基础性作业,重在突破本节学习的难点,巩固所学知识.题4、题5为反思性作业,通过对方程的再研究,为后续学习做铺垫,为学有余力的学生留有进一步探索、发展的空间.了解圆锥曲线的发展史可以引导学生感受数学文化的魅力,体会数学与生活的紧密联系,获得和积累圆锥曲线的基本活动经验.

八、教学反思

本节课为圆锥曲线的开篇,可结合本班学生的实际情况,将章引言与《椭圆及其标准方程》第一课时放在一起,帮助学生形成一个关于圆锥曲线的整体思想框架.椭圆虽然是生产生活中常见的曲线,但是对椭圆几何特征的探究与发现是本节课的难点.为此本节课在用细绳画圆的基础上,通过分开细绳的两端,画出图形,归纳图形上的点满足的几何条件得出椭圆的定义.教学时,教师让学生充分讨论、自己动手.学生在用自己语言表达的基础上,给出准确严谨的椭圆定义,进而对定义给出辨析,加深对定义的理解.

后续对椭圆标准方程的推导要注意强化以下几方面:(1)以建立曲线方程的一般步骤为指导.(2)选取合适的平面直角坐标系.(3)选用适当的参数.(4)对方程的化简.(5)对椭圆标准方程的认识.另外,本节内容蕴含了许多重要的数学思想方法,如数形结合思想、类比思想、转化与化归思想等,值得在后续教学中逐一渗透.

直线与圆的位置关系(第一课时)

台州市黄岩中学 江 强

一、教学内容

本节课的内容取自人教 A 版普通高中数学教科书(选择性必修·第一册)第二章《直线和圆的方程》第五节《直线与圆、圆与圆的位置关系》. 在初中,学生已经学习过直线与圆的位置关系,会根据给定的直线与圆来直观感知其公共点个数的差异,也会根据圆心到直线的距离 d 与圆的半径 r 的数量关系来判断. 因此,在高中学习直线与圆的位置关系时,教师要让学生充分感知用给定直线和圆的方程来判断直线与圆的位置关系的优点,体会利用方程来定量刻画平面解析几何中的位置关系问题的精准度,感受解析几何中"用代数方法解决几何问题"的核心思想.

二、教学目标

1. 根据给定直线和圆的方程,通过两种定量计算来判断直线与圆的位置关系.
2. 通过方程的代数运算,体验数形结合中"数"的严谨性和必要性,提升数学运算素养.
3. 通过运用直线和圆的方程判定两者的位置关系,进一步感受平面解析几何中"用代数方法解决几何问题"的思想方法.
4. 通过反思直线学习的经验和初中学习的直线与圆位置关系的判断方法,感受反思性学习思维方式,提高反思性数学学习能力.

三、学情分析

直线和圆是重要的基本几何图形. 学生能够从"形"的角度直观感知它们的位置关系,并不了解直观感知的局限性. 教学中教师要引导学生体会给定直线与圆的方程,从"数"的角度进行定量刻画.

四、教学重难点

1. 教学重点:根据给定直线与圆的方程,利用两种方法判定直线与圆的位置关系.
2. 教学难点:掌握判断直线与圆的位置关系过程中的代数运算和数形结合思想.

五、教学策略

本节课类比直线的学习经验,通过给定直线与圆的方程进行它们位置关系的探究,结合启发式教学原则,采用学生探究和教师讲授相结合的方法,引导学生对问题解决的方法进行归纳和反思.

六、教学过程

(一)复习本章脉络,明确研究问题

【问题1】 通过类比直线方程的学习经验,在学完圆的方程后,我们可以继续研究什么?(利用圆的方程来研究直线与圆的位置关系)

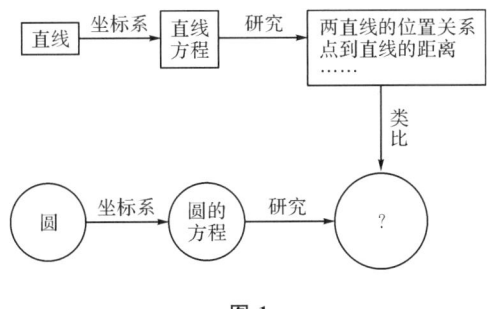

图1

教师带领学生回顾直线学习的经历,类比直线方程的学习经验,明确接下来利用直线与圆的方程研究直线与圆的位置关系、圆与圆的位置关系(如图1).

设计意图 通过复习前面直线和圆的学习过程,了解解析几何研究问题的脉络和思路;类比直线的学习经验,明确通过方程去研究几何性质,确定学习的内容和研究的途径.

(二)通过探究活动,总结判断方法

【问题2】 给定直线 $l:2.1x-4y+9=0$ 与圆 $O:x^2+y^2=4$ 的方程,判断直线与圆的位置关系.

生:相切.

师:你判断的依据是什么?

生1:作图,如图2,看直线与圆的公共点的个数.相离,则没有公共点;相切,则有一个公共点;相交,则有两个公共点.

生2:联立直线与圆的方程,求方程组解的个数.

师:方程组解的个数和直线与圆的公共点的个数有什么关

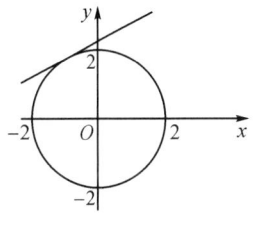

图2

系?(为什么方程组的解就是直线与圆的公共点的坐标?)

生1:类比两直线的公共点原理,公共点的坐标既然满足直线方程,也应满足圆的方程,即公共点的坐标就是方程组的解.判断方程根的个数,可以看联立所得方程中 Δ 的符号.

生2:可以比较圆心到直线的距离 d 与半径 r 的大小关系.

学生阐述后,教师直接在GGB软件中进行演示:展示直线与圆方程联立后的根;计算圆心到直线的距离;对图形进行放大,验证代数计算的结果.

师:与初中所学的方法相比,你认为用方程判断直线与圆的位置关系有什么优点?

生:初中时是直观定性描述,现在是严格定量刻画,比初中时更加精准.

师:是不是初中所学的直接看图的方法不行了呢?(通过GGB软件演示)

生:明显的相交、相离情况是可以判断出的,但细微处还是需要利用方程进行计算.

设计意图 通过探究具体给定的直线与圆方程,类比直线学习的经验,抓住圆特有的几何性质,感受利用方程进行定量计算、严格定量刻画的优点,体会与初中所学的差异,明确直线与圆位置关系判断的方法.

【问题3】给定直线 $l:Ax+By+C=0$ 和圆 $O:(x-a)^2+(y-b)^2=r^2$,请归纳一下判断其位置关系的方法.

生1:看图形的交点个数.

生2:联立方程,看 Δ 的符号.

生3:求圆心到直线的距离 d,判断其与半径 r 的大小关系.

(教师板书:代数法、几何法,定性、定量)

设计意图 通过特殊到一般的归纳总结,再次明确直线与圆位置关系判断的方法,清楚与初中所学方法的差异.

(三)抓住典例分析,落实教学内容

【问题4】请用多种方法判断直线 $l:y=\sqrt{3}x+2\sqrt{3}$ 与圆 $C:x^2+y^2=4$ 的位置关系.

师:我们知道了直线与圆位置关系判断的方法,请大家来试一下.(让学生尝试用多种方式进行验证,投影展示学生的判断依据)

师:当直线和圆相交时,我们还可以求哪些几何量?

生:两个交点的坐标、弦长、圆心角、面积等.

【变式1】求问题4中的直线与圆的交点坐标,及直线被圆截得的弦长.

生:如果求交点坐标,只能联立方程了.

设计意图 通过问题4和变式1,进一步熟悉直线与圆位置关系的判断方法,体会不同方法的特征.

【变式2】过点 $P(2,1)$ 作圆 $C:x^2+y^2=4$ 的切线,求该切线的方程.

教师引导学生尝试用多种方法进行求解,从中感受几何法和代数法的差异,体会抓

住几何性质,可以适当简化计算.(投影学生的书写)

师:请谈谈你的解题思路.其他同学有没有补充?

师:如何避免漏掉一条切线方程?

生:分类讨论斜率不存在,根据图形进行直观判断(过圆外一点可以作两条切线).

【变式3】过点$P(\sqrt{3},1)$作圆$C:x^2+y^2=4$的切线,求该切线的方程.(点从圆外,到圆上,再到圆内)

生:直接利用垂直关系,求出切线的斜率.

【变式4】过点$P(1,1)$的直线被圆$C:x^2+y^2=4$截得的弦长最短时,求该直线的方程.

生1:利用图形,从几何性质判断弦长最短的位置.

生2:利用圆心到直线的距离,进行代数计算.

生3:直接联立方程进行求解,借助弦长公式进行解决.

设计意图 通过点在圆外、圆上、圆内的位置变换,体验数形结合的思想方法,突破学生解题的易错点和难点.

(四)把握课堂小结,升华思想方法

【问题5】通过本节课,你在知识和方法上有哪些收获?

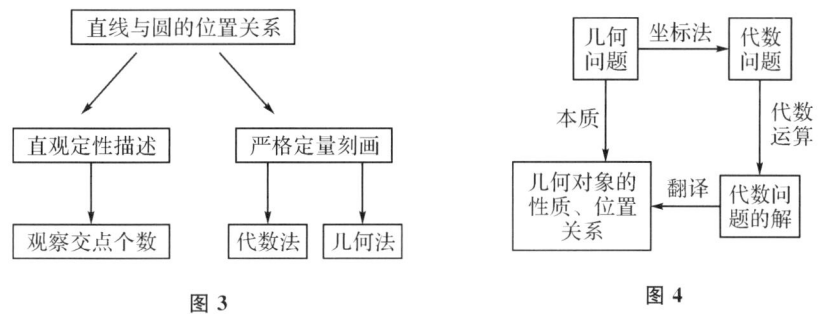

图3　　　　　图4

师:回顾用方程进行直线与圆相关问题的研究过程,我们会发现它们有一个共性(如图4).

师:上述过程,就是用代数方法研究几何问题,这也是平面解析几何的本质.

【问题6】如果要研究圆与圆的位置关系,我们又该如何研究呢?把圆换成其他曲线呢?大家课后可以继续思考.

设计意图 通过对直线与圆位置关系学习过程的反思,进一步体会直线与圆位置关系判断的一般思路和方法,感受"用代数方法研究几何问题"的本质特征.

七、课后作业

(一)基础性作业

1.过点$A(5,15)$向圆$x^2+y^2=25$引切线,求该切线所在直线的方程.

2.圆 $x^2+y^2=8$ 内有一点 $P_0(-1,2)$,AB 为过点 P_0 且倾斜角为 α 的弦.

(1)当 $\alpha=135°$ 时,求 AB 的长.

(2)是否存在弦 AB 被点 P_0 平分的情况?若存在,写出直线 AB 的方程;若不存在,请说明理由.

3.已知圆 $x^2+y^2=4$,直线 $l:y=x+b$,b 为何值时,圆上恰有三个点到直线 l 的距离都等于1.

4.已知圆 $C:x^2+y^2-2x+4y-4=0$,是否存在斜率为1的直线 l,使得以直线 l 被圆 C 截得的弦长 AB 为直径的圆过原点?若存在,请求出直线 l 的方程;若不存在,请说明理由.

(二)反思性作业

5.类比本节课研究直线与圆的位置关系的方法和思路,若研究圆与圆的位置关系,可以尝试用哪些方法?与初中所学的判断方法相比,各自有哪些优缺点?

设计意图 题1、题2为基础性作业,题3、题4重在能力提升.通过分层作业,学生既巩固本节课所学的知识和方法,又能进一步提升知识综合运用的能力.不同数学层次的学生都得以最大限度的发展.题5是一道反思性作业,通过对本节课研究思路和方法的归纳和梳理,尝试解决圆与圆的位置关系.学生能进一步感受高中几何问题与初中几何问题的解决策略的差异,深刻体会平面解析几何中"用代数方法解决几何问题"的核心理念.

八、教学反思

本节课的导入并没有用复杂的情境,而是在直线方程学习的基础上进行反思与回顾.这种反思是对整章知识的系统性建构:通过直线的学习过程,类比产生学习圆的一般过程,让学生自己提出探究"直线与圆的位置关系"的新问题,进而在直线与圆位置关系的判断中,从"形"的直观冲突上升到"数"的严谨.

本节课的教学落实了直线与圆位置关系判断的代数方法,更重要的是在直线与圆的研究中升华了平面解析几何中"解析法"的思想意识,为后续直线和圆锥曲线位置关系的学习奠定基础.这样,平面解析几何的"创造"过程就自然呈现,学生在这个过程中发现、探究,知识的得来会更深刻,能力的提升会更真实,素养的发展会更自然.

直线的点斜式方程

温岭市第二中学　李炜斌

一、教学内容

本节课的内容取自人教 A 版普通高中数学教科书（选择性必修·第一册）第二章《直线和圆的方程》第二节《直线的方程》．直线方程属于解析几何中的基础知识，是研究解析几何的开始．从整体来看，直线方程初步体现了解析几何的实质——用代数的方法研究几何问题．从集合与对应的角度构建了平面上的直线与二元一次方程的一一对应关系，是学习解析几何的基础．对后续直线与圆、圆与圆的位置关系等内容的学习，无论是知识上还是方法上都有着积极的意义．直线的点斜式方程是推导其他直线方程的基础，在直线方程中占有重要地位．

二、教学目标

1. 掌握直线的点斜式和斜截式方程的推导过程，并能根据条件熟练地求出直线的点斜式方程和斜截式方程．

2. 知道直线上的一点和直线倾斜角的代数含义是这个点的坐标和这条直线的斜率，知道建立直线方程就是将确定直线的几何要素用代数的形式表示出来．

3. 在直线的斜截式方程与一次函数的比较中，体会两者的区别与联系，特别是要体会两者数形结合的区别．

三、学情分析

学生对直线既熟悉，又陌生．熟悉是指学生知道一次函数的图象是直线，陌生在于不了解用解析几何的方法求直线的方程．

四、教学重难点

1. 教学重点：知道直线的点斜式方程和斜截式方程的推导过程，并能根据条件熟练地求出直线的点斜式方程和斜截式方程．

2. 教学难点：理解直线的方程和方程的直线的对应关系．

五、教学策略

本节课采取问题链教学模式,按知识点设计几个主干问题,将教学过程转化为一系列环环相扣的问题;结合启发式教学原则,采用学生探究和教师讲授相结合的方法.

六、教学过程

(一)创设问题情境,引入新课

师:最近网上有一则新闻:福建船员在海上突发疾病,温岭的全国道德模范郭文标先生("平安水鬼")连夜急救.连他自己也记不清,这是他第几次出海营救.出事地点离岸边往往有几百海里,在大大小小的上千次救援中,为什么每次救援船只都能够精确地到达救援地点?实际上,可借助北斗卫星导航系统,预先计算出两者之间的航行路线,其中一个主要的理论依据是利用了数学中的平面直角坐标系.我们知道在平面直角坐标系中,每一个点都可以和一个有序实数对一一对应,而直线是点的集合,那么它必定会和含 x,y 的某一个关系式一一对应.如何确定一条直线呢?

生:①两个定点确定一条直线.②一个定点以及它的斜率确定一条直线.

师:很好,本节课我们就来研究如何利用一个定点以及它的斜率确定一条直线的方程.

设计意图 通过全国道德模范郭文标和北斗卫星导航系统,引出了平面直角坐标系,理论的严谨性稍微欠缺.但是,一方面,与郭文标先生是老乡,容易引起学生的共鸣;另一方面,与解析几何产生的时代背景"17 世纪以来,由于航海、天文、军事等方面的迅速发展,促进了解析几何的创立,是数学发展史上的一个重大突破"相一致.这是对数学来源于生活,又应用于生活的完美诠释.

(二)探究知识构建,形成概念

【问题 1】 如图 1,在平面直角坐标系中,l 为过点 $P_0(1,2)$ 且倾斜角为 $45°$ 的直线,设点 $P(x,y)$ 为直线上的任一动点,则 x,y 满足怎样的关系式?你的理由呢?

    A. $\dfrac{y-2}{x-1}=1$ B. $y-2=x-1$

生 1:由直线的倾斜角和斜率的关系及斜率公式得,$k=\tan 45°=\dfrac{y-2}{x-1}$,即 $\dfrac{y-2}{x-1}=1$,故选择 A.

生 2:因为题中没有说点 $P(x,y)$ 与点 $P_0(1,2)$ 不重合,选项 A 中不包含点 $P_0(1,2)$,事实上当点 P 与点 P_0 重合时,也符合题意,故选择 B.

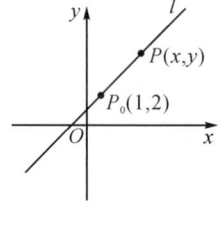

图 1

师:很好,因为直线上的所有点都满足方程,所以选择 B,如何来证明呢?

生:①当 $x\neq 1$ 时,$k=\tan 45°=\dfrac{y-2}{x-1}$,得 $y-2=x-1$.②当 $x=1$ 时,点 $P_0(1,2)$ 也适合方程,故直线 l 上的所有点都满足方程 $y-2=x-1$.

师:(板书)很好,以方程 $y-2=x-1$ 的解为坐标的点都在直线 l 上吗?

生:设 $P_1(x_1,y_1)$,①当 $x_1=1$ 时,得 $y_1=2$,所以点 $P_1(1,2)$ 在直线上.②当 $x_1\neq 1$ 时,则 $k=\dfrac{y_1-2}{x_1-1}$,说明过 $P_1(x_1,y_1)$ 和 $P_0(1,2)$ 的直线的斜率是 k,于是 $P_1(x_1,y_1)$ 在过 $P_0(1,2)$ 且斜率为 k 的直线上.

师:由上述证明可知,直线 l 上的所有点都满足方程 $y-2=x-1$,以这个方程的解为坐标的点都在直线 l 上,我们就称方程 $y-2=x-1$ 是过点 $P_0(1,2)$ 且斜率为 1 的直线方程.

【问题 2】点 $P_1(1.01,1.99)$ 在问题 1 中的直线 l 上吗?

师:刚才我们通过讨论找到了直线 l 与方程 $y-2=x-1$ 一一对应,也就是形与数的对应.点 $P_1(1.01,1.99)$ 在直线 l 上吗?

生:不在,把点 $P_1(1.01,1.99)$ 代入直线方程 $y-2=x-1$,显然不满足方程.

师:很好,如果我们仅仅通过图象判断,由于作图的误差,无法精确判断这个点的位置.只要借助于方程,我们就可以精确判断这个点是否在直线 l 上.这个过程实际上是将几何问题转化为代数问题,再通过代数的运算来研究几何图形的性质,它们之间的桥梁就是平面直角坐标系.这便是解析几何的精髓所在.用华罗庚先生的一句话来说就是:数缺形时少直观,形少数时难入微.(板书如图 2)

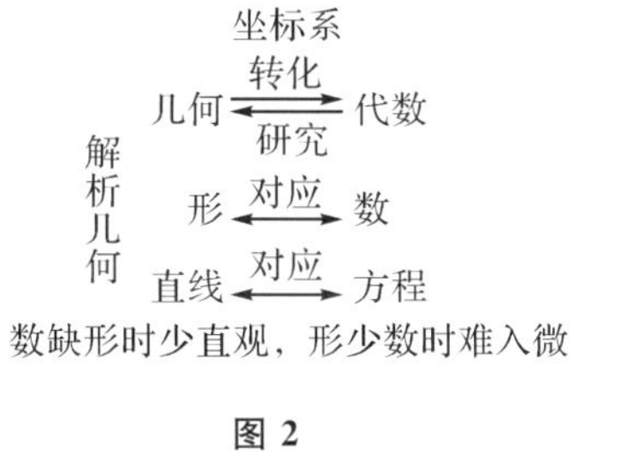

```
             坐标系
              转化
解    几何 ←——————→ 代数
析         研究
几         对应
何    形 ←——————→ 数
          对应
      直线 ←——————→ 方程
  数缺形时少直观, 形少数时难入微
```

图 2

设计意图 设计特例,让学生判断直线上的点满足的关系式.由于求出直线方程后,对方程(轨迹)纯粹性和完备性的证明难度较大,遵循特殊到一般原则,先从特例证明了直线和方程的一一对应关系,为后续推广到求一般情况下的直线方程埋下伏笔.

【问题 3】如图 3,设 l 为过定点 $P_0(x_0,y_0)$ 且斜率是 k 的直线,设点 $P(x,y)$ 为直线 l 上的任一动点,你能发现 x 和 y 满足怎样的关系式吗?

师:类比刚才的研究方法,我们应该得到关于 x,y 怎样的关系式?

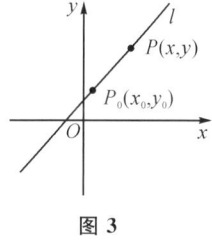

图 3

生：①当点 P 与点 P_0 不重合时，则由 $k=\dfrac{y-y_0}{x-x_0}$，得 $y-y_0=k(x-x_0)$．②当点 P 与点 P_0 重合时，点 P 的坐标 (x,y) 也满足此式．所以直线 l 上任意一点都满足方程：$y-y_0=k(x-x_0)$．

师：我们同样可以证明直线 l 上的所有点都满足上述方程，以这个方程的解为坐标的点都在直线 l 上，我们就称方程 $y-y_0=k(x-x_0)$ 为过点 $P_0(x_0,y_0)$ 且斜率为 k 的直线方程．

师：这个方程是由直线上一定点及其斜率确定的直线方程，我们把它叫做直线的点斜式方程，简称点斜式．

设计意图　遵循特殊到一般原则，在上述特例的引导下，水到渠成地完成了直线方程的推导以及点斜式定义．

【问题 4】经过点 $P_0(x_0,y_0)$ 的所有直线方程都可以用点斜式方程表示吗？

师：当直线 l 与 x 轴平行或重合时（如图4），具有怎样的方程？

生：当直线 l 与 x 轴平行或重合时，直线 l 的倾斜角为 $0°$，斜率 $k=0$，直线方程为 $y-y_0=0 \cdot (x-x_0)$，可化为 $y-y_0=0$，即 $y=y_0$，可以用点斜式方程表示，表示直线上任意一点的纵坐标为 y_0．

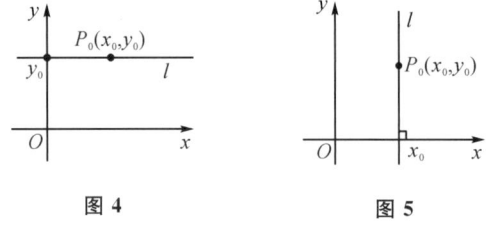

图4　　　　图5

师：当直线 l 与 y 轴平行或重合时（如图5），具有怎样的方程？

生：当直线 l 与 y 轴平行或重合时，直线 l 的倾斜角为 $90°$，斜率 k 不存在，不能用点斜式方程表示，直线方程为 $x=x_0$，表示直线上任意一点的横坐标为 x_0．

师：我们对直线的点斜式方程作一下总结：①当直线的斜率 k 存在时，直线的方程为 $y-y_0=k \cdot (x-x_0)$；特别地，当 $k=0$ 时，直线的方程为 $y=y_0$．②当直线的斜率 k 不存在时，不能用点斜式方程表示，直线的方程为 $x=x_0$．

设计意图　数形结合，通过对两种特殊情况的讨论，得出只有直线的斜率存在时，才可以用点斜式方程表示．

(三)讲练结合，加深理解

【练习1】直线 l 经过点 $P_0(-2,3)$，且斜率为2，求直线 l 的点斜式方程，并画出直线 l．

【变式1】直线 l 经过点 $P_0(-2,3)$，求：

(1)倾斜角为 0°的直线 l 的方程.

(2)倾斜角为 45°的直线 l 的方程.

(3)倾斜角为 90°的直线 l 的方程.

师:过定点 $P_0(-2,3)$ 且斜率 k 存在的直线方程,均可以用点斜式方程表示.当直线的斜率 k 发生变化时,这些过定点的直线具有哪些几何特征呢?(学生回答,教师结合几何画板演示,如图6)

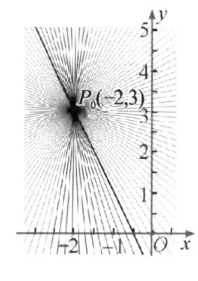

图 6

设计意图 通过练习1和变式1的训练,及时巩固直线的点斜式方程的概念.借助几何画板演示,数形结合,使学生非常形象地感知过定点的直线系方程的几何特征,但要强调直线系方程中没有包括过 $P_0(-2,3)$ 且垂直 x 轴的直线方程,即 $x=-2$.

【问题5】 直线方程 $y=kx+b$ 中,k,b 具有怎样的几何意义?

师:练习1的解答结果可化为 $y=2x+7$,它实际上是一个一次函数,其中的"2"和"7"分别具有怎样的几何意义?

生:"2"是斜率,"7"是直线 l 与 y 轴的交点 $(0,7)$ 的纵坐标.

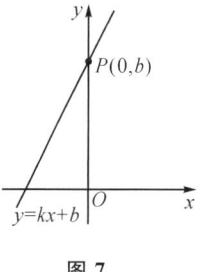

图 7

师:类似地,如图7,在直线 $y=kx+b$ 中,k 是斜率,b 是直线 l 与 y 轴的交点 $(0,b)$ 的纵坐标,我们把这个交点的纵坐标 b 叫做直线 l 在 y 轴上的截距(纵截距).方程 $y=kx+b$ 由直线的斜率 k 和它在 y 轴上的截距 b 确定,我们把这个方程叫做直线的斜截式方程,简称斜截式.

师:截距是否等同于距离?它的取值范围是什么?斜截式方程能表示所有的直线方程吗?

生:截距是不同于距离的,$b\in \mathbf{R}$,斜截式方程只能表示斜率 k 存在时的直线方程.

设计意图 由特殊到一般,得到斜截式方程的概念,使学生领悟以前所学的一次函数实际上就是直线的斜截式方程;通过辨析截距与距离的区别深刻理解截距的概念.

【练习2】 写出下列直线的斜截式方程:

(1)斜率是 $\sqrt{3}$,在 y 轴上的截距是 2.

(2)倾斜角是 135°,在 y 轴上的截距是 3.

(3)与 y 轴的夹角为 30°,在 y 轴上的截距是 2.

【变式2】 方程 $y=ax+\dfrac{1}{a}$ 表示的直线方程可能是 ( )

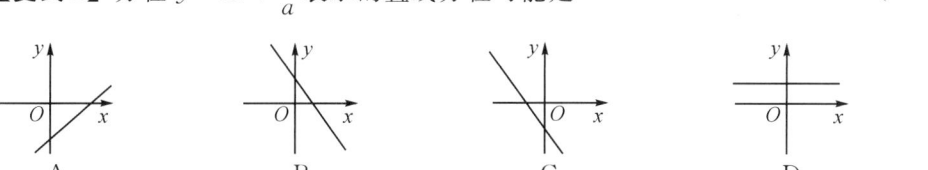

A   B   C   D

设计意图 通过练习2巩固直线的斜截式方程,结合变式2,辨析方程和直线一一对应关系,再次领悟解析几何中形与数对应的思想.

【练习3】已知直线 $l_1:y=k_1x+b_1,l_2:y=k_2x+b_2$,试讨论:

(1) $l_1//l_2$ 的条件是什么? (2) $l_1\perp l_2$ 的条件是什么?

【变式3】(1)求过点 $A(0,-1)$ 且与直线 $y=3x-2$ 平行的直线 l 的方程.(2)求过点 $A(-1,0)$ 且与直线 $x-2y-1=0$ 垂直的直线 l 的方程.

设计意图 通过练习3及变式3,掌握并能运用在斜截式方程中两直线平行和垂直的等价条件,再一次领悟将几何问题转化为代数问题的解析法思想.

(四)小结提升,升华主题

师:本节课我们通过平面直角坐标系将点与坐标 (x,y)、直线与方程建立一一对应关系,也就是说将几何问题转化为代数问题,再通过代数的运算反过来研究几何问题,这就是我们整个解析几何的精髓所在.最后我们用华罗庚先生的话作为今天的总结,大家一起朗诵:"数缺形时少直观,形少数时难入微.数形结合百般好,隔离分家万事休."

七、课后作业

(一)基础性作业

1.已知直线的点斜式方程是 $y+2=\sqrt{3}(x+1)$,那么此直线的斜率是_____,倾斜角是_____.

2.判断下列各对直线是否平行或垂直.

(1) $l_1:y=\dfrac{1}{2}x+3, l_2:y=\dfrac{1}{2}x-2.$ (2) $l_1:y=\dfrac{5}{3}x+1, l_2:y=-\dfrac{3}{5}x-2.$

3.已知直线 l 的方程为 $y=kx+6k+2$,

(1)求证:不论 k 为何值,直线 l 必过第二象限.

(2)若直线 l 不过第三象限,求 k 的取值范围.

4.将直线 $y=-\sqrt{3}(x-2)$ 绕点 $(2,0)$ 按顺时针方向旋转 $30°$,求旋转后的直线方程.

5.已知正方形的一个顶点 $A(-1,0)$,一条边所在的直线方程为 $y=-\dfrac{1}{3}(x-5)$,求正方形中以 A 为端点的两条边所在的直线的方程.

(二)反思性作业

6.你能说出直线的点斜式方程和斜截式方程适用的条件吗?一般地,对于过一个定点 $P_0(x_0,y_0)$ 的直线方程应该如何设?你能说出一次函数和斜截式方程的区别吗?

设计意图 题1~题3旨在巩固当堂课的知识点还有点斜式.题4、题5引导学生加深对点斜式方程的理解,以及灵活运用方程解题.题6为反思性作业,重在理解点斜式的用法.

八、教学反思

《直线的点斜式方程》是直线方程的起始课,也可以说是解析几何学习中真正的起始章节.笔者采用"问题导学"的教学方式,遵循特殊到一般的原则,牢牢抓住"形"与"数"一一对应这条主线,逐步引导学生推导、理解知识的生成发展过程,感悟解析几何中数形结合的重要思想方法,初步达到了预期的教学目标.但美中不足的是,教学过程中,学生的主体地位不够突出,教学仍然停留于教师说教,与学生的互动方式比较单一.实际教学中,除了集体回答和个别提问,还可以采用让学生上台板演、分小组讨论等方式,进一步凸显学生的主体地位,这样才能更进一步激发学生的学习热情,提升学生数学学习的核心素养.

随机抽样(第一课时)

浙江省台州中学　潘加正

一、教学内容

本节课的内容取自人教 A 版普通高中数学教科书(必修·第二册)第九章《统计》第一节《随机抽样》.章节起始指出统计的研究对象是数据.如何收集数据获得研究对象是研究的重要内容,也是这一章最先需要学习的内容.本节课主要学习数据收集的方法和途径,介绍随机抽样、简单随机抽样的相关概念,及简单随机抽样的常用方法.

二、教学目标

1.从具体实例中,抽象出简单随机抽样的相关概念.
2.从实例中,根据目标——等可能性,逐步建立、优化得出简单随机抽样的模型与方法.
3.发现问题,主动分析,寻求解决办法,并逐步优化模型,养成数学抽象和数学建模等核心素养.

三、学情分析

本节课的授课对象为高一学生.初中时他们已学过统计初步知识,为系统学习统计的基本方法、体验统计思想打下一定的基础.在本课之前,学生已了解集合、函数、平面向量等较难概念,积累了足够的数学学习经验,能较轻松地学习本节内容.但之前学生所学的数学结论都是确定的,而统计中的很多结果是非确定的,比如本节对于样本选取的评价是"好、坏",而非"对、错".这会引起学生学习的认知冲突,需逐步引导.

四、教学重难点

1.教学重点:简单随机抽样.
2.教学难点:逐步抽象、改进模型,得到合适的简单随机抽样模型及方法.

五、教学策略

作为本章的起始课,教师应充分发挥引领示范作用,从宏观角度介绍本章主要思想方法、学习内容及过程,发挥大单元教学作用,突出数学抽象、数学建模的过程.

六、教学过程

(一)创设情境,明确问题

【引导语】现代社会是信息化的社会,人们常常需要收集数据,根据所获得的数据提取有价值的信息,做出合理的决策.统计学是通过收集数据和分析数据来认识未知现象的一门科学,它可以为人们制定决策提供依据.

师:我们为什么要学统计?

生:因为在现实生活中,我们经常会接触到各种统计数据.

师:请同学们举例说明生活中的统计数据.

生:例如,人口总量、经济增长率、就业状况、物价指数、产品的合格率、商品的销售额、农作物的产量、人均水资源、居民人均年收入、电视台节目的收视率、学生的平均身高等.要正确阅读和理解这些数据,需要具备一些统计学的知识.

设计意图 引导学生认识现实生活中普遍存在着统计,点明学习统计的必要性.

(二)结合实际,形成概念

师生一起阅读教科书(必修·第二册)第173页内容并总结相关概念.

师:同学们听说过人口普查吗？2020年我国进行了第七次人口普查,对全国人口普遍地、逐户逐人地进行一次性调查登记.调查内容包括每位居民的姓名、性别、年龄、民族、受教育程度等.这里,什么是调查对象？什么是要调查指标？

生:居民是调查对象,而居民的性别、年龄、民族、受教育程度等是要调查的指标.

师:由于不同调查对象的指标值往往不同,它是一个变化的量,所以常把指标称为变量.

师:如果对每一个调查对象都进行调查,这样的方法称为全面调查,又称普查.你们知道总体和个体的概念吗？

生:在一个调查中,调查对象的全体称为总体,组成总体的每一个调查对象称为个体.也可以把调查对象的某些指标的全体作为总体,每一个调查对象的相应指标作为个体.

师:什么是抽样调查？

生:根据一定目的,从总体中抽取一部分个体进行调查,并以此为依据对总体的情况作出估计和推断的调查方法,称为抽样调查.

师:样本和样本量指什么？

生:从总体中抽取的那部分个体称为样本.样本中包含的个体数称为样本量.

设计意图 通过具体事例,贴合生活实际,帮助学生较轻松地理解概念.

师生共同总结普查和抽样调查的优缺点.

表1

普查优缺点	抽样调查优缺点
优点:能获得准确结果	缺点:结果与实际情况之间有误差
缺点:需要大量的人力、物力和财力;不适用于有毁损性的检查	优点:花费少,效率高;对于有毁损性的检查不可替代

(三)练习探究,理解知识

师:你认为在以下调查中,哪些适合用全面调查,哪些适合用抽样调查?
①调查全国高中生的视力情况.
②调查一个班级学生每周的体育锻炼时间.
③调查全校学生每天早、中、晚的体温.
④调查一批待售袋装牛奶的细菌数是否超标.
生:①与④适合用抽样调查,②与③适合用全面调查.
师:请大家反思,抽样调查的目的是什么?抽样调查最重要的是要保证什么?如何保证?
生:抽样调查的目的是获得对总体情况的了解.抽样调查最重要的是要保证样本含有和总体基本相同的信息,而且每个个体被抽到的可能性相同.

设计意图 从生活实例中感受普查和抽样调查的优缺点,感受有些调查的特殊性,如有毁损性的调查.

【问题1】假设口袋中有红色和白色共1000个小球,除颜色外,小球的大小、质地完全相同.你能通过抽样调查的方法估计袋中红球所占的比例吗?

教师先让学生独立思考,然后与学生一起交流.
生:首先确定样本容量,例如样本容量 $n=20$,将1000个小球放入口袋中,并且搅拌均匀,从中摸出一个小球,记录颜色后放回,摇匀后再摸出一个小球,如此重复20次.根据初中所学的概率知识可知,随着摸球次数的增加,摸到红球的频率会逐渐稳定于摸到红球的概率,即口袋中红球所占的比例.
师:这种有放回的摸球方式,有没有可能每次摸出的都是同一个小球?
生:极端情况是可能发生的.
教师引导学生明白此时去估计总体中红球所占的比例显然是不正确的.
师:相比较有放回的随机抽样,我们一般选择无放回的随机抽样,样本的均值误差较小,而且无放回的随机抽样,效率更高.
师:一次性抽取20个个体和逐一不放回抽取20个个体,两种方法等价吗?
生:等价的,但是为了抽取效率更高,我们采取逐一不放回抽取20个个体.相比不放回抽取样本,有放回抽取样本也能满足个体被抽取的等可能性.

师:两者有哪些明显的区别与联系?

教师引导学生归纳出放回与不放回简单随机抽样的区别与联系.

生:一般地,设一个总体含有 N(N 为正整数)个个体,从中逐个抽取 n($1 \leqslant n < N$)个个体作为样本,如果抽取是放回的,且每次抽取时总体内的各个个体被抽到的概率都相等,我们把这样的抽样方法叫做放回简单随机抽样;如果抽取是不放回的,且每次抽取时总体内未进入样本的各个个体被抽到的概率都相等,我们把这样的抽样方法叫做不放回简单随机抽样.

师:放回简单随机抽样和不放回简单随机抽样统称为简单随机抽样.通过简单随机抽样获得的样本称为简单随机样本.

设计意图 小结有放回简单随机抽样与不放回简单随机抽样的区别与联系.理解简单随机抽样的三个特点:①总体个数有限.②逐个抽取.③等概率抽取.

(四)抽象概括,提炼模型

【问题2】 一家家具厂要为树人中学高一年级制作课桌椅,他们事先想了解全体高一年级学生的平均身高,以便设定可调节课桌椅的标准高度.已知树人中学高一年级有 20 个班,每班有 45 名学生,如果要通过简单随机抽样的方法调查高一年级学生的平均身高,应该怎么抽取样本?

生:比如先规定样本容量为 20 个.

师:这样两个方案可以吗?①直接从高一(1)班抽取 20 个学生,以这 20 个学生的平均身高去估计高一年级学生的平均身高.②从每班抽取 1 个学生,以这 20 个学生的平均身高去估计高一年级学生的平均身高.

生:不行,一是该样本个体的"随机性"无法得到保证,二是如何抽取并未交代.

教师引导学生思考,总结出以下两种方法:

1. 抽签法

表 2

步骤	注意事项
①编号	一对一
②制签	外观、质地等无差别的小纸片(或卡片、小球等)
③搅拌均匀	充分搅拌
④抽签	不放回地抽取
⑤入样	抽足样本所需的人数

师:那学生数如改成 900 人,抽签法还适用吗?

生(反思)：由于样本容量太大，该样本抽取不适用抽签法：一是步骤②制签工作量大，二是步骤③搅拌均匀困难．另外，抽签法的步骤②制签本质就是人对应成带编号的无差别的小纸片(或卡片、小球等)，即编号．所以可以用随机数法来代替．

设计意图　通过实际问题的解决，引导学生不断反思更优的抽样方法；通过不比较方法的优缺点，逐步将缺点改正；再次反思，完成模型逐步优化的过程"人(实物)→带编号的无差别的小纸片(或卡片、小球等)→编号"，引出后面的随机数法．

2. 随机数法

(1)用随机试验生成随机数

师生准备10个大小、质地一样的小球，小球上分别写上数字0，1，2，…，9，把它们放入一个不透明的袋中，从袋中有放回摸取3次，每次摸取前充分搅拌，并把第一、二、三次摸到的数字分别作为百、十、个位数，这样就生成了一个三位随机数．如果这个三位数在1~900范围内，就代表对应编号的学生被抽中，否则舍弃编号．这样产生的随机数可能会有重复．

(2)用信息技术生成随机数

①用计算器生成随机数

教师引导学生进入计算器的计算模式(不同的计算器型号可能会有不同)，调出生成随机数的函数并设置参数，例如 RandInt ♯(1,900)，按"="键即可生成1~900范围内的整数随机数．重复按"="键，可以生成多个随机数．这样产生的随机数可能会有重复．

②用电子表格软件生成随机数

教师利用电脑演示，在电子表格软件的任一单元格中，输入"=RANDBETWEEN(1,900)"，即可生成一个1~900范围内的整数随机数．再利用电子表格软件的自动填充功能，可以快速生成大量的随机数．

③用R统计软件生成随机数

教师利用电脑演示，在R软件的控制台中，输入"sample(1:900,50,replace=F)"，按回车键，就可以得到50个1~900范围内的不重复的整数随机数．

设计意图　(1)活动的开展，让学生亲身试验、参与随机数法产生的过程，使学生更容易理解和接受随机数法，理解抽样的基本原则——等可能性．(2)信息技术手段的采用，R软件的展示，可以非常方便地按要求生成各种随机数，这样更符合信息时代的特征，让学生感受科技的魅力、人类文明的进步．

师：用简单随机抽样方法抽取样本，样本量是否越大越好？

生：在重复试验中，试验次数越多，频率接近概率的可能性越大．与此类似，用简单随机抽样的方法抽取学生，样本量越大，样本中不同身高的比例接近总体中相应身高的比例的可能性也越大，样本的平均身高接近总体的平均身高的可能性也越大．即对于样本的代表性,一般说来,样本量大的会好于样本量小的.尤其是样本量不大时,增加样本量可以较好地提高估计的效果.但是,在实际抽样中,样本量的增大会导致调查的人力、费用、时间等成本的增加.因此,抽样调查中样本量的选择要根据实际问题的需要,并不一定是越大越好.

教师通过PPT总结,展示示意图(如图1).

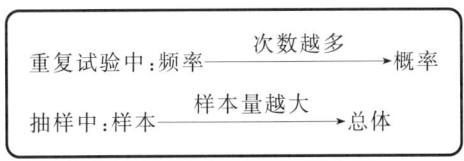

图 1

(五)归纳小结,反思提升

1.请回顾思考本节课的知识发展主线和思维主线是怎样的.

【预设答案】(1)知识发展主线:统计的必要性→统计第一步,收集数据→简单随机抽样的概念→简单随机抽样的实现方法(抽签法、随机数法).

(2)思维主线:为保证样本的代表性、典型性,逐步进行数学抽象,如人(实物)→带编号的无差别的小纸片(或卡片、小球等)→编号→随机数.

2.统计的结果与以前所学的数学结论相同吗?

【预设答案】较以往内容,统计的结果具有不确定性.比如对样本的评价:从对总体估计的角度来看,误差小的样本是"好"样本.

七、课后作业

(一)基础性作业

1.实验室的笼子里共有100只小白鼠,现要从中抽取10只作试验用.下列两种情况是否属于简单随机抽样? 请说明理由.

(1)每次不经任何挑选地抓一只,抓满10只为止;

(2)将笼中的100只小白鼠按1～100编号,任意选出编号范围内的10个不重复数字,把相应编号的小白鼠作为试验用的小白鼠.

(二)反思性作业

2.如果计算器只能生成$[0,1)$内的随机数,你能利用所学的取整函数把它转化为1～100范围内的整数随机数吗? 转化为1～712范围内的整数随机数呢?

设计意图 理解简单随机抽样中每个个体被抽到的等可能性,通过结合已经学过的取整函数,我们把计算器产生的[0,1)内的随机数,通过放大后再取整,实现每个数被取到的可能性是相等的.这是统计与函数的结合,充分体现知识的发生、发展、应用的过程,激发学生利用已有的知识去解决新问题、新情况.

八、教学反思

(一)重视概念教学

教材中设置了相应的例题和习题,教师设置了相应的反思性作业,旨在让学生学会从实际背景抽象出数学概念.本节课从实际问题出发,发现抽样调查与普查的优劣势;围绕抽样调查的公平性,逐步去除干扰因素,建立合适的模型:将"学生等个体特征明显的实际人(或物)"抽象成"大小、质地完全相同的小球",而后改进为"带编号的无差别的小纸片(或卡片、小球等)";最后根据实际操作的可行性问题,将抽签法改进为随机数法,即将模型进一步简化为"编号".

(二)突出"随机"的等可能性

从实际抽样问题中(高一学生身高问题)提出"能否直接从高一(1)班抽取 20 个学生,以这 20 个学生的平均身高去估计高一年级学生的平均身高",引起认知冲突,引发对"随机"的深入思考——什么是"随机",如何保证"随机",从而引起学生对等可能性的重视.而本课的概念、方法、模型的优化,也都是围绕着"随机(等可能性)"进行的.

有限样本空间与随机事件

浙江临海市回浦中学　应俊宇

一、教学内容

本节课的内容取自人教A版普通高中数学教科书(必修·第二册)第十章《概率》第一节《随机事件与概率》.本节课在初中概率知识的基础上,进一步用数学语言对有限样本空间、样本点、随机事件等概率理论的核心概念进行深入刻画.

二、教学目标

1.结合具体实例,理解样本点和有限样本空间的含义.

2.经历用集合语言描述一个随机试验的所有可能结果,并抽象出样本点与有限样本空间概念的过程,会求试验结果有限的随机试验的样本空间,体会数学抽象的思想方法.

3.能理解随机事件与样本点的关系,会用集合语言表示一个随机事件,能利用样本点概念解释事件产生的可能的结果的意义以及所包含基本事件的个数,提升应用数学语言表达与交流的能力.

三、学情分析

1.学生已有的知识结构:初中已经学习过随机事件的概念,会初步辨别随机事件、必然事件和不可能事件.

2.教学对象:高二学生.他们的逻辑思维能力已经初步形成,具有一定的分析问题和解决问题的能力.

3.学生对本节课的知识储备:本节课属于概念教学的起始课,学生之前已经学习了相关的内容,但是还不能准确理解概念的生成和应用.

四、教学重难点

1.教学重点:理解样本空间概念,会用集合语言表示一个随机试验的样本空间与随机事件.

2.教学难点:用适当的集合语言表示一个随机试验的样本空间,以及表示一个随机事件的自然语言与集合语言之间的互相转换.

五、教学策略

本节课将采用问题链教学模式,采取大单元教学设计理念,通过学生自主探究和教师讲授相结合的形式开展课堂教学,引导学生对课堂教学的知识点和方法进行及时归纳和反思,达成举一反三的学习目的.

六、教学过程

(一)创设情境,提出问题

【引例】甲和乙两人按照下列规则来玩游戏:

(1)游戏规则1:一个盒子中放有2个大小和形状相同,颜色分别为红色与黑色的小球,从中任意摸出1个小球,若摸到的是红球,则甲获胜,反之,则乙获胜.

(2)游戏规则2:一个盒子中放有3个大小和形状相同的小球,其中红球2个,黑球1个,从中任意摸出1个小球,若摸到的是红球,则甲获胜,反之,则乙获胜.

(3)游戏规则3:从一个装有3个红球和2个黑球的甲盒子里(小球的大小、形状都相同)随机取出一个小球,放入另一个原来装有一红一黑两个小球的乙盒子中,再从乙盒子中摸出一个小球,若摸到的是红球,则甲获胜,反之,则乙获胜.

师:以上三种游戏规则对双方公平吗?大家可以根据自己对三种游戏规则的认知进行回答.

根据学生的各种回答,教师适时点评:以上问题需要我们运用概率的知识去解决,但是初中学习的概率知识有限,我们需要再进一步学习.

1.概率的研究对象:随机现象

概率论是数学领域的一个重要学科分支,它的研究主体是:①"确定性现象",比如做匀速直线运动的物体,可以运用"函数"这一个工具来研究.②"不确定性现象",比如抛掷一枚硬币正面朝上还是反面朝上,就一次观测而言,出现哪种结果具有偶然性,但在大量重复观测下,各个结果出现的频率却具有稳定性.我们把这类不确定性现象称为:随机现象.

师:我们对概率的研究路径是否可以类比对"函数"的研究路径?

2.概率的研究路径与框架

教师请一位学生讲述"函数"的研究路径与框架:首先是预备知识——集合(概念、关系、运算),然后根据"函数的事实—函数的定义、表示—函数的性质—基本初等函数—函数的应用"这条线索展开探究.

师：你能否类比"函数"的研究路径,找到"概率"的研究路径？

教师引导学生尝试寻找,并加以总结叙述：首先也是预备知识——样本（样本点、样本空间、随机事件、事件的关系与运算），然后根据"概率的事实（随机现象）—概率的定义及表示—概率的性质—古典概型—概率的计算及应用"这条线索展开探究.

设计意图 依据大单元教学原则,类比"函数"的知识结构与研究路径,展开对本节课的研究.

(二)师生互动,探究问题

1. 抽象随机试验的定义

师：(1)在摇奖器中装有10个标号分别为0,1,…,9,且质地和大小都相同的小球,现随机摇出一个小球,观察它的号码.(2)将一枚硬币抛掷2次,观察正面、反面出现的情况.(3)在一批灯管中任意抽取一根,测试它的寿命.(4)从一批发芽的水稻种子中随机选取一些,观察分蘖数.请同学们观察这4个随机试验,并列出随机试验所有可能的基本结果.

学生分组讨论回答,分析各个例子的特点,寻找随机试验应该具有的特点.

根据学生的回答,教师总结归纳：①试验可以在相同条件下重复进行.②试验的所有可能结果是明确可知的,并且不止一个.③每次试验总是恰好出现这些可能结果中的一个,但事先不能确定出现哪一个结果.

2. 引入样本点、样本空间的概念

师：已知随机试验 E,体育彩票摇奖时,在摇奖器中装有10个标号分别为0,1,…,9,且质地和大小都相同的小球,现随机摇出一个小球,观察它的号码.

教师请同学找出该试验产生的所有基本结果：摇出的号码分别为0,1,2,3,4,5,6,7,8,9.

师生总结,给出定义：我们把随机试验 E 的每个可能的基本结果称为样本点,全体样本点的集合称为试验 E 的样本空间.一般地,我们用 Ω 表示样本空间,用 ω 表示样本点.

师：这个随机试验样本空间如何表示？

类比"函数"知识,教师引导学生添加{ },用集合来表示样本空间.

师：你能够对样本空间进行分类吗？

生：有限样本空间和无限样本空间.

师：在高中课本中,我们只讨论 Ω 为有限集的情况.如果一个随机试验有 n 个可能结果 $\omega_1,\omega_2,\cdots,\omega_n$,则称样本空间 $\Omega=\{\omega_1,\omega_2,\cdots,\omega_n\}$ 为有限样本空间.

【板书】用数字 m 表示"摇出的小球的号码为 m"这一结果,那么试验 E 的样本空间为 $\Omega=\{0,1,2,3,4,5,6,7,8,9\}$.

师:如果用数轴上的点 i 表示"摇出的小球的号码为 i"这一结果,那么试验 E 的样本空间可以怎么表示呢?

生:用数轴上 $0,1,2,\cdots,9$ 所对应的点来表示.

设计意图 在掌握样本点和样本空间的概念后,可以用不同的数学语言和方式描述该随机现象,并开展后续的研究.

(三)类比推理,解决问题

【例1】抛掷一枚硬币,观察它落地时哪一面朝上,写出试验的样本空间.

生:因为硬币落地时只有正面朝上和反面朝上两个可能结果,所以试验的样本空间可以表示为 $\Omega=\{$正面朝上,反面朝上$\}$.

师:如果用 h 表示"正面朝上",t 表示"反面朝上"……

生:样本空间 $\Omega=\{h,t\}$.

师:如果用 1 表示"正面朝上",0 表示"反面朝上"……

生:样本空间 $\Omega=\{1,0\}$.

师:如果用数轴上的数 1 对应的点表示"正面朝上",数 0 对应的点表示"反面朝上"……

生:样本空间表示为 ————•—•————→
　　　　　　　　　　0　1

师(归纳):一维样本点的表示:文字,字母,数字(文字语言、符号语言).

【例2】抛掷两枚硬币,观察它们落地时朝上的面的情况,写出试验的样本空间.

师:同学们可以反思例 1 的表示方法,思考如何正确表示这个样本空间.

教师引导学生用不同的方式进行描述.

生 1:解 1,$\Omega=\{$第一枚正面且第二枚正面,第一枚正面且第二枚反面,第一枚反面且第二枚正面,第一枚反面且第二枚反面$\}$.

生 2:解 2,抛掷两枚硬币,第一枚硬币可能的基本结果用 x 表示,第二枚硬币可能的基本结果用 y 表示,那么试验的样本点可用 (x,y) 表示.于是,试验的样本空间 $\Omega=\{($正面,正面$),($正面,反面$),($反面,正面$),($反面,反面$)\}$.

生 3:解 3,如果我们用 h 表示硬币"正面朝上",用 t 表示硬币"反面朝上",那么样本空间还可以简单表示为 $\Omega=\{(h,h),(h,t),(t,h),(t,t)\}$.

生 4:解 4,如果我们用 1 表示硬币"正面朝上",用 0 表示硬币"反面朝上",那么样本空间还可以简单表示为 $\Omega=\{(1,1),(1,0),(0,1),(0,0)\}$.

生 5:还可以采用树状图、平面直角坐标系上的点描述.

教师适时点评各位学生的不同表示方法,并加以总结.

【变式】抛掷两枚硬币,观察它们落地时正面朝上的硬币个数,写出试验的样本空间.

生:记 m 为"两枚硬币落地时正面朝上的个数",m 的值可以是 $0,1,2$,则样本空间 $\Omega=\{0,1,2\}$.

设计意图 利用变式的形式,对样本空间定义进行深度辨析,加强概念教学.

【例3】如图1,一个电路中有 A,B,C 三个电器元件,每个元件可能正常,也可能失效.把这个电路是否为通路看成是一个随机现象,观察这个电路中各元件是否正常.

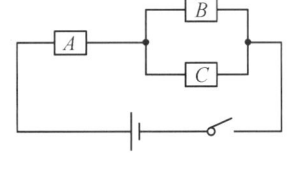

图 1

师:写出试验的样本空间.

生1:(文字直接描述)$\Omega=\{ABC$ 都正常,AB 正常 C 失效,AC 正常 B 失效,BC 正常 A 失效,A 正常 BC 失效,B 正常 AC 失效,C 正常 AB 失效,ABC 都失效$\}$.

生2:(对三维样本点的抽象概况)分别用 x,y,z 表示元件 A,B,C 的可能状态,则这个电路的工作状态可用 (x,y,z) 表示. 则 $\Omega=\{($正常,正常,正常$),($正常,正常,失效$),($正常,失效,正常$),($失效,正常,正常$),($正常,失效,失效$),($失效,正常,失效$),($失效,失效,正常$),($失效,失效,失效$)\}$.

生3:(再进一步对元件是否正常进行符号抽象)用 1 表示元件的"正常"状态,用 0 表示"失效"状态,则 $\Omega=\{(0,0,0),(1,0,0),(0,1,0),(0,0,1),(1,1,0),(1,0,1),(0,1,1),(1,1,1)\}$.

生4:还可以采用树状图、空间直角坐标系上的点来描述.

(四)问题链设计,开拓思维

师:已知随机试验 E,体育彩票摇奖时,在摇奖器中装有 10 个标号分别为 $0,1,\cdots,9$,且质地和大小都相同的小球,现随机摇出一个小球,观察它的号码.

师:"摇出的小球号码为奇数"是随机事件吗?

生:是.(初中概率知识中有"随机事件"的定义——在一定的条件下,可能发生也可能不发生的事件)

师:记"摇出的小球号码为奇数"为随机事件 A. 谈谈你怎样理解和判断随机事件 A 是否发生.

生:随机事件 A 发生,当且仅当摇出的号码为 $1,3,5,7,9$ 之一,所以我们可以用集合 $\{1,3,5,7,9\}$ 表示随机事件 A;而集合 $\{1,3,5,7,9\}$ 又是样本空间 $\Omega=\{0,1,2,3,4,5,6,7,8,9\}$ 的子集,所以也可以说是用样本空间 Ω 的子集来表示随机事件 A.

师生总结,给出定义:一般地,随机试验中的每个随机事件都可以用这个试验的样本空间的子集来表示. 为了叙述方便,我们将样本空间 Ω 的子集称为随机事件,简称事件,并把只包含一个样本点的事件称为基本事件. 随机事件一般用大写字母 $A,B,C,\cdots$

表示.在每次试验中,当且仅当 A 中某个样本点出现时,称为事件 A 发生.

师:对于每一个新的定义和概念的出现,我们总是比较关注其中比较特殊的一些情况.那么同学们对于这个新的概念会更多地关注哪些特殊的情况呢?

教师引导学生类比集合知识:

空集⇔∅不包含任何样本点,在每次试验中都不会发生,所以我们称∅为不可能事件.

全集⇔Ω包含了所有的样本点,在每次试验中总有一个样本点发生,所以Ω总会发生,我们称Ω为必然事件.

师:必然事件与不可能事件不具有随机性.为了方便统一处理,将必然事件和不可能事件作为随机事件的两个极端情形.这样,每个事件都是样本空间 Ω 的一个子集.

师:用集合语言表示,即 $A⊂Ω,∅⊂Ω,Ω⊂Ω$.

设计意图 利用学生原有的对随机事件的认知,强调现阶段用样本空间概念定义随机事件,类比集合论的观点,凸显样本空间定义随机事件的优势.

师:参考例3,用集合表示下列事件,$M=$"恰好两个元件正常";$N=$"电路是通路";$T=$"电路是断路".

生1:分别用 x,y,z 表示元件 A,B,C 的可能状态,则这个电路的工作状态可用 (x,y,z) 表示.进一步地,用1表示元件的"正常"状态,用0表示"失效"状态,则样本空间 $Ω=\{(0,0,0),(1,0,0),(0,1,0),(0,0,1),(1,1,0),(1,0,1),(0,1,1),(1,1,1)\}$.

生2:"恰好两个元件正常"等价于 $(x,y,z)∈Ω$,且 x,y,z 中恰有两个为1,所以 $M=\{(1,1,0),(1,0,1),(0,1,1)\}$.

生3:"电路是通路"等价于 $(x,y,z)∈Ω$,且 $x=1,y,z$ 中至少有一个是1,所以 $N=\{(1,1,0),(1,0,1),(1,1,1)\}$.

生4:"电路是断路"等价于 $(x,y,z)∈Ω,x=0$,或 $x=1,y=z=0$,所以 $T=\{(0,0,0),(0,1,0),(0,0,1),(0,1,1),(1,0,0)\}$.

师:(1)观察事件 N 和事件 T,你能发现什么?(2)事件 M 和事件 N 呢?

学生思考并回答.

师:在后续的学习中,将会类比集合的关系和集合的运算,学习事件与事件之间的关系和运算,有了概念和运算之后将会继续研究随机事件的概率,建构概率模型,应用于解决生活工作中的实际问题.

(五)归纳小结,延伸课堂

1.本节课的知识脉络:随机现象—随机试验—样本点、样本空间—有限样本空间—随机事件.

2.本章《概率》的知识体系与研究路径(如图2):

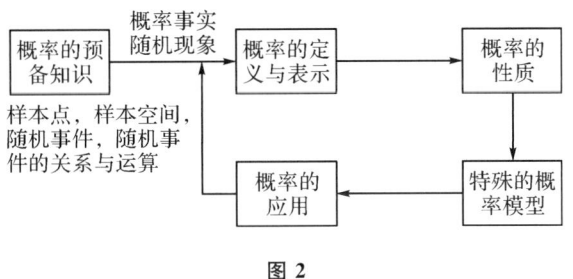

图 2

3.本节课涉及的数学思想方法：

(1)从特殊到一般(概念与定义).

(2)数学抽象(文字语言、符号语言、图象语言).

(3)类比(函数与概率,集合与样本空间).

七、课后作业

(一)基础性作业

1.写出下列各随机试验的样本空间：

(1)采用抽签的方式,随机选择一名同学,并记录其性别.

(2)随机选择一个有两个小孩的家庭,观察两个孩子的性别.

(3)射击靶 3 次,观察各次射击中靶或脱靶情况.

(4)射击靶 3 次,观察中靶的次数.

2.同时转动如图 3 所示的两个转盘,记转盘①得到的数为 x,转盘②得到的数为 y,结果记为 (x,y).

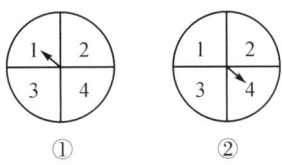

图 3

(1)写出这个试验的样本空间.

(2)"$x+y=5$"这一事件包含哪几个基本事件？"$x<3$ 且 $y>1$"呢？

(3)"$xy=4$"这一事件包含哪几个基本事件？"$x=y$"呢？

(二)反思性作业

3.指出下列事件哪些是必然事件,哪些是不可能事件,哪些是随机事件.

(1)函数 $f(x)=x^2-2x+1$ 的图象关于直线 $x=1$ 对称.

(2)$y=kx+6$ 是定义在 **R** 上的增函数.

(3)若$|a+b|=|a|+|b|$,则 a,b 同号.

设计意图 根据随机事件的定义,结合具体问题判断该事件属于必然事件、不可能事件或随机事件.

八、教学反思

本节课的教学设计和课堂实际操作,主要着力于创设提升学生数学抽象核心素养的教学情境,从初高中的衔接知识点入手,希望学生参与合作交流,经历从直观到抽象的数学思维过程.由于是概念起始课,教师按照大单元教学理念进行教学设计,对概率论学科的简单介绍,让学生明白生活中的确定性现象可用"函数"解决,不确定性现象——随机现象需要用"概率"这个工具来解决.由于函数与概率有相似之处,教师类比"函数"研究框架和研究路径去完成对"概率"的研究.在小结处教师也指出了数学知识的一种研究思路,即一类新的知识,可以更多地采用类比的方法进行研究.而本节课的知识点包括随机现象、随机试验、样本点、样本空间、有限样本空间、随机事件,这是一条课堂教学知识主线.教师通过一个实例,把本节课的知识主线串联起来,然后通过对几道例题以及变式的讲解,使得学生能够在不断的反思中进行学习,进一步理解各个知识点的应用.

总而言之,整个课堂设计较好地完成了预期的教学计划,初步达成了提升学生数学抽象核心素养的教学目标.

第二辑 公式（定理）课

诱导公式(第一课时)

温岭市第二中学 李炜斌

一、教学内容

本节课的内容取自人教版A版普通高中数学教科书(必修·第一册)第五章《三角函数》第三节《诱导公式》.三角函数是刻画现实世界周期变化现象的重要模型,它与圆之间有着非常密切的联系.整个章节的学习内容围绕着单位圆而展开.本节课是在学习了三角函数定义、同角三角函数关系的基础上,利用单位圆的对称性进一步研究不同角三角函数的关系.圆是最完美的对称图形,它既是关于圆心成中心对称的图形,也是关于任意直径成轴对称的图形.诱导公式的实质是圆的对称性的代数表示形式.

二、教学目标

1.掌握利用圆的对称性研究三角函数对称性的方法,借助单位圆及三角函数的定义寻找对应点坐标的数量关系和角之间的数量关系,推导出诱导公式二~公式四.

2.正确运用诱导公式一~公式四将任意角的三角函数转化为锐角三角函数,掌握求值、化简的基本流程.

3.通过探究过程,了解从未知到已知、从复杂到简单的转化过程,经历由几何直观探讨数量关系式的过程,培养数学发现能力和概括能力.

三、学情分析

学生已经掌握了从单位圆出发研究三角函数的方法,关键在于如何通过圆的对称性发现三角函数的对称性.

四、教学重难点

1.教学重点:(1)利用圆的对称性探究点的对称性和角终边的对称性,借助三角函数的定义建立不同角三角函数值之间的关系,最终得到诱导公式一~公式四.(2)运用诱导公式进行简单的函数式求值、化简.

2.教学难点:发现圆的对称性与三角函数之间的关系,并能运用任意角三角函数的定义导出诱导公式的"研究路线图",建立两者之间的联系.

五、教学策略

本节课采用问题链教学模式.教师按知识点设计几个主干问题,将教学过程转化为一系列环环相扣的问题,通过彼此关联、层层递进的主干问题,让学生对问题进行分析、思考、讨论、归纳,结合启发式教学原则,采用学生探究和教师讲授相结合的方法,将学生的思维引向深处,自然而然地完成教学任务.

六、教学过程

(一)呈现背景,发现问题

【引导语】 公元前 400 多年,战国时期思想家墨子在其著作《墨子》中,给出了圆的定义:"圆,一中同长也."大约 6000 年前,美索不达米亚人利用圆的性质,做出了世界上第一个轮子.在《三角函数》单元起始,我们利用单位圆给出了三角函数的定义,并由圆的几何性质研究了同角三角函数值之间的关系.我们知道在平面直角坐标系中,单位圆是一个关于原点、x 轴、y 轴对称的图形,利用这个性质我们还可以探究三角函数哪些性质呢?

教师引导学生复习三角函数的定义,从角 α 终边绕原点旋转一周,所得角与角 α 终边相同,复习诱导公式一.

师:请同学们回顾三角函数的定义,如图 1,角 α 的终边与单位圆交于点 $P(x,y)$,则 $\sin\alpha=$ _____ ,$\cos\alpha=$ _____ ,$\tan\alpha=$ _____ .

师:你能发现终边相同的角的三角函数值之间的关系吗?

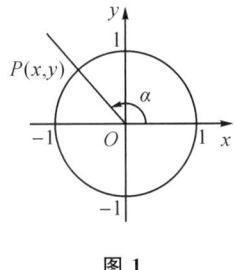

图 1

生:角 α 的终边每绕原点旋转一周,函数值将重复出现,即(公式一):
$\sin(\alpha+2k\pi)=\sin\alpha,\cos(\alpha+2k\pi)=\cos\alpha,\tan(\alpha+2k\pi)=\tan\alpha$,其中 $k\in\mathbf{Z}$.

师:这组公式给出了三角函数值"周而复始"的变化规律.

设计意图 复习三角函数的定义,回顾角 α 的终边与单位圆交于点 $P(x,y)$,对应的三角函数值之间的关系,自然而然地得到了诱导公式一.

【例】 已知 $\sin 37°=b$,则 $\sin 379°=$ _____ ,$\sin 757°=$ _____ ,$\sin(-323°)=$ _____ .

【追问】sin217°=＿＿＿＿, sin143°=＿＿＿＿, sin(−37°)=＿＿＿＿. 怎么求？

师：能发现所求的角的终边与37°的角的终边有什么关系吗？

生：它们具有一定的对称性,分别关于坐标原点、x轴、y轴对称.

师：那么它们的三角函数值与sin37°有什么关系呢？这就是我们本节课要研究的课题.

设计意图 通过几个小题,点出诱导公式一的作用,将任意角转化为$[0,2\pi)$内的角,通过追问,产生认知冲突,点名课题. 遵循从特殊到一般的原则,为后续从任意角的终边关于原点、x轴、y轴对称的方向进行研究奠定基础.

(二)基于概念,推导结论

【引导语】如图2,在直角坐标系中,设任意角α的终边与单位圆交于点P.

【问题1】作点P关于原点的对称点P_1,你能发现以OP为终边的角α与以OP_1为终边的角β有什么关系？角α, β的三角函数值之间有什么关系？

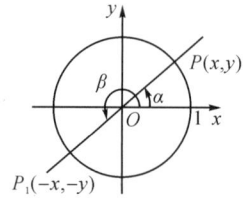

图2

生1：$\beta=\pi+\alpha+2k\pi(k\in \mathbf{Z})$,设$P(x,y), P_1(x_1,y_1)$,易知$x_1=-x, y_1=-y$.

生2：由三角函数的定义得 $\sin\alpha=y, \cos\alpha=x, \tan\alpha=\dfrac{y}{x}, \sin(\pi+\alpha)=y_1, \cos(\pi+\alpha)=x_1, \tan(\pi+\alpha)=\dfrac{y_1}{x_1}$.

师：我们可以得到上面一组三角函数值.

师：由圆的对称性,以OP_1为终边的角$\beta=\pi+\alpha+2k\pi(k\in \mathbf{Z})$,因为角$\beta$的终边和$\pi+\alpha$的终边相同,因此我们只需研究与$\pi+\alpha$的三角函数值之间的关系即可. 结合对应点的坐标和三角函数的定义,我们可以得到诱导公式二：$\sin(\pi+\alpha)=-\sin\alpha, \cos(\pi+\alpha)=-\cos\alpha, \tan(\pi+\alpha)=\tan\alpha$. 这组公式给出了$\alpha$与$\pi+\alpha$的三角函数值之间的关系.

【问题2】根据刚才的研究过程,你能梳理诱导公式二的推导思路吗？

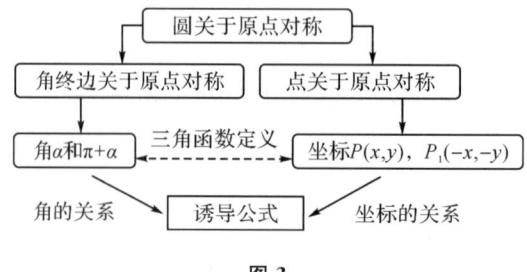

图3

师:如图 3,一方面,我们从圆关于原点对称得到角的终边关于原点对称,找到角的数量关系,另一方面,从圆关于原点对称得到点关于原点对称,找到对应点坐标的数量关系,再通过两者的等量代换得到两个角三角函数之间的关系,即诱导公式二,而沟通它们的桥梁就是三角函数的定义.

师:如果从角终边绕原点旋转的角度看,角 α 与 $\pi+\alpha$ 有怎样的联系呢?

生:角 $\pi+\alpha$ 可以看成角 α 的终边绕原点按逆时针方向旋转得到.

设计意图　两个设问承载着建立研究方法、培养用联系的观点看问题的习惯重任.

【问题3】 类比诱导公式二的推导方法,如图 4,若作点 P 关于 x 轴的对称点 P_3,作点 P 关于 y 轴的对称点 P_2,你又可以得到怎样的结论?

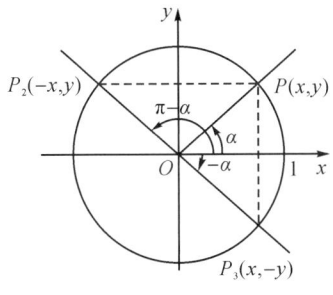

图 4

生:如果作点 P 关于 x 轴的对称点 P_3,则以 OP_3 为终边的角为 $-\alpha$;如果作点 P 关于 y 轴的对称点 P_2,则以 OP_2 为终边的角为 $\pi-\alpha$.

类比诱导公式二的推导方法,学生自主探究诱导公式三、四:

$$\left.\begin{array}{l}\sin(-\alpha)=-\sin\alpha,\\ \cos(-\alpha)=\cos\alpha,\\ \tan(-\alpha)=-\tan\alpha.\end{array}\right\}\text{公式三}\qquad \left.\begin{array}{l}\sin(\pi-\alpha)=\sin\alpha,\\ \cos(\pi-\alpha)=-\cos\alpha,\\ \tan(\pi-\alpha)=-\tan\alpha.\end{array}\right\}\text{公式四}$$

设计意图　有了诱导公式二的推导方法做铺垫,鼓励学生通过类比,自主探究并证明诱导公式三、四,培养用联系和发展的观点看问题的能力.

【问题4】 结合诱导公式一~公式四的推导过程,你觉得怎样才能更好地记忆三角函数的诱导公式二~公式四?各个公式之间有何联系呢?

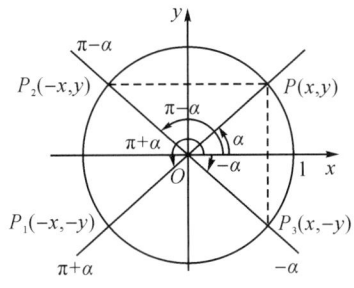

图 5

生:很显然,我们只需结合刚才的探究过程,通过数形结合就可以进行记忆.如图 5,事实上,角 $-\alpha$ 可以看成角 α 的终边 OP 先作关于 y 轴对称,再旋转 $180°$ 得到;也可以看成 OP 先逆时针旋转 $180°$,再作关于 y 轴对称得到.

设计意图　对于公式的记忆,强调数形结合,以单位圆为载体,在注重知识的发生发展的过程中进行理解.从对称角度了解三个诱导公式之间的联系,为下节课诱导公式五、六的推导做铺垫.

【问题 5】 你能总结求任意角三角函数的基本步骤吗?

任意角的三角函数转化为锐角三角函数的流程图(图 6):

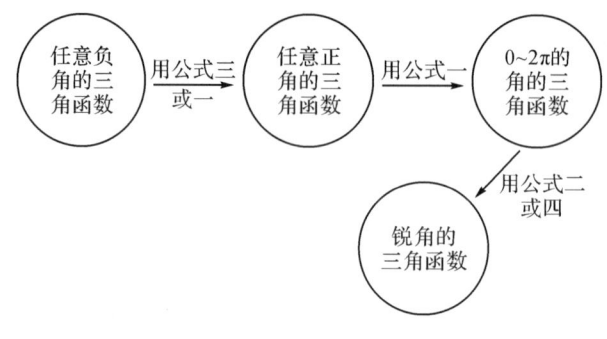

图 6

师:在数学史上,求三角函数值曾经是一个重要而困难的问题,现在利用计算工具可以方便地求任意角的三角函数值,但是这些诱导公式中所体现的三角函数的对称性,在解决三角函数的各种问题中却依然有重要的作用.

设计意图　明确合理地选择诱导公式,掌握化任意角三角函数为锐角三角函数的基本流程,提高自觉地、理性地选择公式的能力.

(三)回顾反思,总结提升

师:请同学们回顾一下这节课所学的知识及其研究路径.

生:这节课我们一起探究了三角函数的诱导公式二~公式四,以及其在求值、化简中化任意角的三角函数为锐角的三角函数的基本流程,学会利用单位圆的对称性,数形结合进行记忆的方法.诱导公式的研究路径是借助于单位圆的对称性和三角函数的定义,将单位圆上点的坐标的数量关系和对应角的数量关系建立联系,在探究过程中所涉及的对称思想,将为以后探究三角函数的其他性质奠定基础.

七、课后作业

(一)基础性作业

1. 利用公式求下列三角函数的值:

(1) $\cos(-420°)$.　　(2) $\sin\left(-\dfrac{7}{6}\pi\right)$.　　(3) $\tan(-1140°)$.

(4) $\cos\left(-\dfrac{77}{6}\pi\right)$.　　(5) $\tan 315°$.　　(6) $\sin\left(-\dfrac{11}{4}\pi\right)$.

2. 化简:

(1) $\sin(-\alpha-180°)\cos(-\alpha)\sin(-\alpha+180°)$.

(2) $\cos^3(-\alpha)\sin(2\pi+\alpha)\tan^3(-\alpha-\pi)$.

3. 填表:

α	$-\dfrac{4\pi}{3}$	$-\dfrac{5\pi}{4}$	$-\dfrac{5\pi}{3}$	$-\dfrac{7\pi}{4}$	$-\dfrac{8\pi}{3}$	$-\dfrac{11\pi}{4}$
$\sin\alpha$						
$\cos\alpha$						
$\tan\alpha$						

(二)反思性作业

4. 借助单位圆,还可以建立角的终边之间哪些特殊位置关系? 由此还能得到三角函数值之间哪些恒等关系? 请探究终边关于 $y=x$, $y=-x$ 对称的角的三角函数值之间的关系.

设计意图　题 1～3 为基础性作业,旨在灵活运用三角函数的诱导公式,巩固求三角函数值的基本步骤. 题 4 为反思性作业,目的是让学生类比本节课的研究路径,探究终边关于 $y=x$, $y=-x$ 对称的角的三角函数值之间的关系,为下节课学习诱导公式五、六做铺垫.

八、教学反思

本节课是在学习了任意角、三角函数的定义、同角三角函数的关系的基础上,再一次利用单位圆的对称性进一步研究不同角三角函数的关系. 本节课采用问题链导学的教学方式,设计了一个求非特殊角三角函数值的问题,使学生产生认知冲突,激发了进一步研究的兴趣. 问题的设计以学生为主体,遵循从特殊到一般的原则,牢牢抓住利用圆的对称性探究点的对称性和角终边的对称性,借助三角函数的定义建立不同角三角函数之间的关系,得到诱导公式二.通过问题链的设计,学生可以类比,自行推导诱导公式三、四,有利于培养逻辑推理(归纳推理、类比推理)、直观想象等核心素养.教学思路自然,教学过程顺畅,教学效果显著.其实再大胆一些,可以尝试完全放开,圆是一个完全对称图形,让学生自己寻找角的终边关于特殊线、特殊点对称的角,而无须限定在给出的关于原点、x 轴、y 轴对称的角,学生可能会想到终边关于直线 $y=x,y=-x$ 对称的角,进而完成所有诱导公式的探究,达到大单元教学设计的效果.

余弦定理

台州市永宁中学 王 耀

一、教学内容

本节课的内容取自人教 A 版普通高中数学教科书(必修·第二册)第六章《平面向量及其应用》第四节《平面向量的应用》.三角形是自然界中最基本的图形,也是平面几何中最重要的图形.在初中阶段,我们已经定性地研究过三角形全等的条件.本节课的知识为初中知识的延伸:既然由确定的边和角就能确定三角形全等(主要指"SAS"和"SSS"两种全等方法),能否给出具体的三角形边角之间的定量关系,从而对三角形的研究从定性研究上升到定量研究的层面?研究内容明确后,需要进一步明确研究的方法,而三角形边和角的关系与向量的模和方向是自然对应的.因此,本节课主要以向量法探究三角形边长与角度的关系,突出向量在解三角形中的应用,展示向量作为工具的优越性.

二、教学目标

1.掌握余弦定理的两种表示形式,能够独立推导出余弦定理.

2.通过余弦定理的证明,对比不同证明方法的特点,体会向量法的作用,提升逻辑推理、数学运算等核心素养.

3.经历余弦定理的三种语言表达方式之间的相互结合和转化,解决简单的实际问题.

4.通过反思余弦定理学习的脉络,积累用向量工具探索数学问题的经验,提升数学学习能力.

三、学情分析

学生已经掌握了向量的基础知识,能够利用向量去解决平面几何问题,并了解了向量在物理中的应用,积累了一定的数学活动经验.在教师的引导下,他们能够以向量为工具去研究三角形问题.本节课的学习对学生来说可能会有两处难点,难点一是用向量法证明余弦定理,学生对向量法理解尚浅,需要教师及时引导;难点二是解三角形在实际问题中的应用,学生建模素养尚处于初级阶段,阅读能力还需提升,文字语言、图形语言和符号语言之间的转换能力还需加强.

四、教学重难点

1. 教学重点:用向量法探索并证明余弦定理.
2. 教学难点:将三角形中边角关系的向量式转化为数量式.

五、教学策略

本节课采用启发式教学和探究性教学相结合的教学策略,通过课堂中的问题激发学生探索新知的兴趣,进而引导学生分析问题、综合结论,概括生成余弦定理.

六、教学过程

(一)对话交流,引发新知

【问题1】 在初中阶段,我们就已经研究过三角形全等的判定,判定方法有哪些?

生:SSS、SAS、ASA、AAS.

师:这几种判定三角形全等的方法的共性是什么?

生:需要给出三角形六个元素中的三个,其中必须有一个元素是边.

师:基于三角形全等的条件,你还能提出哪些值得研究的问题?

生:基于三角形全等的条件,三角形就是确定的,也就是说三角形的其他任意一个元素与给定的这些元素存在唯一确定的数量关系.

师:接下来,我们要确定这种定量关系的代数表达.本节课我们就要研究这方面的知识(引出课题:余弦定理).

设计意图 从初中熟知的全等三角形判定方法入手,引导学生思考给定元素与未知元素之间存在着某种确定的数量关系,明确本节课学习任务:用三角形六个元素中的三个元素(至少有一个元素是边)表示其他元素.

(二)自主探索,建构新知

师:我们知道,两边和它们的夹角分别相等的两个三角形全等.这说明,给定两边及其夹角的三角形是唯一确定的.也就是说,三角形的其他边、角都可以用这两边及其夹角来表示,那么,表示的公式是什么?

【问题2】 在 $\triangle ABC$ 中,三个角 A,B,C 所对的边分别是 a,b,c,怎样用 a,b 和 C 表示 c?前面已经学习了向量这个工具,是否可以利用向量解决几何问题?

生:向量既有大小,又有方向,与三角形的边与角是对应的,可以尝试利用向量工具解决问题.

师:利用向量求解几何量的核心要素与核心运算是什么?

生:核心要素是利用基底向量将几何元素表示出来,然后进行向量运算;核心运算是向量的数量积运算.

师:以三角形三条边为基础,你能写出哪些向量表达式?

生:如图1,设$\overrightarrow{CB}=a,\overrightarrow{CA}=b,\overrightarrow{AB}=c$,那么$c=a-b$.

师:如何通过数量积运算得出三角形边角关系的数量表达式?

生:$|c|^2=c\cdot c=(a-b)\cdot(a-b)=a^2+b^2-2|a||b|\cos C$,所以$c^2=a^2+b^2-2ab\cos C$.

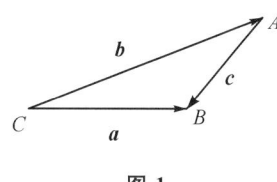

图1

生:由三角形的边、角的轮换对称性,可得$a^2=b^2+c^2-2bc\cos A$,$b^2=c^2+a^2-2ac\cos B$.

师:用向量法需要讨论三角形的形状吗?

生:回顾推导过程,发现用向量法证明无须讨论三角形的形状.

师:我们借助向量探索出了三角形边角关系的一个重要定理——余弦定理.

$a^2=b^2+c^2-2bc\cos A$

$b^2=c^2+a^2-2ac\cos B$

$c^2=a^2+b^2-2ab\cos C$

【问题3】你能用其他方法证明余弦定理吗?

教师分组,让学生进行合作探究,再请几个学生上台展示,交流学习.

生1:方法一"坐标法".以$\triangle ABC$的顶点A为原点,边AB所在的直线为x轴,建立平面直角坐标系(如图2),设BC,CA,AB的长分别为a,b,c,则点B的坐标为$(c,0)$,并且不论$\angle A$是锐角、钝角还是直角,由三角函数的定义知,点C的坐标为$(b\cos A,b\sin A)$.根据两点间的距离公式得:$BC^2=(b\cos A-c)^2+(b\sin A-0)^2$,化简得:$a^2=b^2+c^2-2bc\cos A$.同理,$b^2=c^2+a^2-2ac\cos B$,$c^2=a^2+b^2-2ab\cos C$.

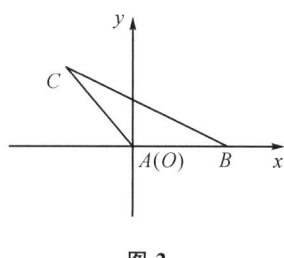

图2

生2:方法二"几何法".(1)当三角形为锐角三角形时,过点B作$BD\perp AC$,垂足为点D(如图3),则$BC^2=CD^2+BD^2=(AC-AD)^2+BD^2=AC^2-2AC\cdot AD+AD^2+BD^2=AC^2+AB^2-2AC\cdot AD$.因为$BC=a,AC=b,AB=c,AD=AB\cos A=c\cos A$,所

以 $a^2=b^2+c^2-2bc\cos A$.

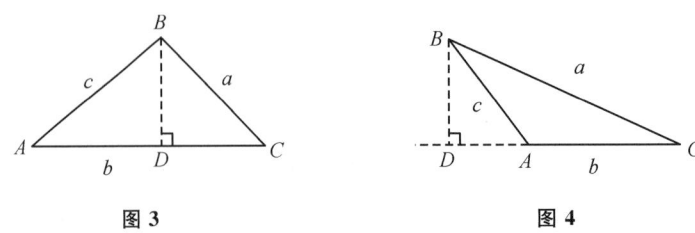

图3   图4

(2)当三角形是钝角三角形时,不妨设 A 为钝角,过点 B 作 AC 的垂线,与 CA 的延长线相交于点 D,则 $BC^2=CD^2+BD^2=(AC+AD)^2+BD^2=AC^2+2AC\cdot AD+AD^2+BD^2=AC^2+AB^2+2AC\cdot AD$. 因为 $BC=a$, $AC=b$, $AB=c$, $AD=AB\cos(\pi-A)=-c\cos A$,所以 $a^2=b^2+c^2-2bc\cos A$.

(3)当三角形为直角三角形,不妨设 A 为直角,也有 $a^2=b^2+c^2-2bc\cos A$.

师:对比三种方法,哪种方法更好?

学生比较向量法、坐标法和几何法的证明过程,感悟向量法解决三角形中边角问题的优势.

设计意图　从向量的角度审视问题对部分学生还较为困难,通过问题的形式,引导学生发现向量的模、方向与三角形的边、角有着自然的对应关系,回顾向量解决问题的核心要素与核心运算,为余弦定理的生成奠定工具基础.在比较不同方法的过程中,感受向量法的力量,为下节课联想到用向量法证明正弦定理提供思路.

(三)辨析定理,深化新知

【问题4】你能用文字语言描述余弦定理吗?余弦定理在结构上有怎么样的特点?

教师让学生尝试用文字语言解读余弦定理,同时指出符号语言、图形语言、文字语言三者之间可转化.

生:结构上,余弦定理共有四项,每一项的次数都是2.

师:余弦定理与勾股定理有怎样的联系?

生:勾股定理是特殊的余弦定理,余弦定理是勾股定理的推广.

师:观察余弦定理公式的结构特征,利用余弦定理可以解决哪些问题?

学生观察余弦定理的特点,发现余弦定理的推论:

$$\cos A=\frac{b^2+c^2-a^2}{2bc},\cos B=\frac{c^2+a^2-b^2}{2ca},\cos C=\frac{a^2+b^2-c^2}{2ab}.$$

生:根据余弦定理及余弦定理的推论可以解决两类问题:(1)已知三角形的两边与夹角求第三边.(2)已知三角形的三边,求三个角.

师生总结解三角形:一般地,三角形的三个角 A,B,C 和它们的对边 a,b,c 叫做三角形的元素,已知三角形的几个元素求其他元素的过程叫做解三角形.利用余弦定理及其推论可以解决"已知三边""已知两边一夹角"的解三角形问题.

设计意图 帮助学生加深对余弦定理的记忆,并掌握余弦定理应用的方向,通过问题的不断深化,培养学生自主研讨、合作交流、分析问题的能力.

(四)典例精析,巩固新知

【例1】 在 $\triangle ABC$ 中,已知 $b=60\text{cm}, c=34\text{cm}, A=41°$,解这个三角形(角度精确到 $1°$,边长精确到 1cm).

解:由余弦定理,得 $a^2 = b^2 + c^2 - 2bc\cos A \approx 1676.78$,所以 $a \approx 41(\text{cm})$.

由余弦定理的推论,得 $\cos B = \dfrac{c^2+a^2-b^2}{2ca} = -\dfrac{763}{2788}$,利用计算器,得 $B \approx 106°$.

所以 $C \approx 33°$.

【例2】 一条铁路规划要穿过一座山丘,挖隧道就要知道两山脚之间的距离,但两山脚之间的距离没有办法测量,怎样才能得到这个距离呢?

设计意图 通过例题的讲解,让学生灵活掌握并运用余弦定理,培养学生解决问题的能力.将实际问题转化为数学问题,从具体情境中抽象出数学模型,培养学生数学抽象、数学建模等核心素养.

(五)小结反思,新知升华

【问题5】 请你带着以下问题回顾本节课的内容:

1. 余弦定理知识学习的基本脉络是什么?
2. 余弦定理及余弦定理的推论的内容是什么?余弦定理都能解决哪些解三角形问题?
3. 余弦定理的学习涉及哪些思想方法?

设计意图 通过问题串的形式引导学生反思整节课的学习,梳理余弦定理及其推论的内容,明确结构特征,总结学习经验.

七、课后作业

(一)基础性作业

1. 在 $\triangle ABC$ 中,$a=1, b=1, C=120°$,则 $c=$ _____ .
2. 在 $\triangle ABC$ 中,$a=\sqrt{3}, b=1, c=2$,则 $A=$ _____ .
3. $\triangle ABC$ 的顶点为 $A(6,5), B(-2,8)$ 和 $C(4,1)$,则 $A=$ _____ .
4. 在 $\triangle ABC$ 中,$a=7, b=8$,角 C 满足 $\sin C = \dfrac{3\sqrt{3}}{14}$,求 $\cos B$.

设计意图 考查学生对余弦定理及余弦定理推论的灵活运用程度.在解决问题的过程中,有可能会在平面直角坐标系或三角函数背景下,考查学生综合把握本节知识的能力.

(二)发展性作业

5. 利用余弦定理证明:在平行四边形中,两条对角线长的平方和等于四条边长的平方和.

6. 若△ABC是钝角三角形,$a=3, b=4, c=x$,求x的取值范围.

7. 在△ABC中,$BC=3, AC=2, AB$上的中线长度为2,求AB的长度.

设计意图 题5考查实际问题中,余弦定理的运用情况,激发学生利用一种数学定理发现另一种数学定理的乐趣,培养学生数学建模素养.题6考查在动态的问题中,学生能否通过分类讨论确定三角形为钝角三角形的边角特征,从而应用余弦定理解决问题.题7的设置考查学生能否迁移向量法解决三角形中的有关问题,培养学生数学推理、数据运算的数学素养.

(三)反思性作业

8. 请同学们对今天的课堂知识学习与课后习题解决进行反思,撰写一篇学习心得. (可以从探索知识的过程、所涉及的思想方法、可以进一步探究的方面、对问题题意的理解等方面入手)

设计意图 数学学习的过程是对数学对象重新认识的过程,在认识的过程中,原来的方法会被新的方法替代,这就要求学生要善于反思新方法、新知识引入的必要性.这种新的思维必将对数学解题产生影响,因此对解题过程也要进行反思、归纳、总结,修正不足的经验,同时将新的方法纳入原有的认知结构中,为进一步的学习做好准备.

八、教学反思

章建跃博士曾说,掌握数学知识是发展数学核心素养的前提.数学知识是构建数学大厦的基石,要让学生真正掌握数学知识,必须要让学生经历从数学研究对象的获得到应用数学知识解决问题的过程.这就要求教师须把握学生的认知规律,有条理地设计教学内容.本节课在设计上有两条"线":"情境—余弦定理的探究—余弦定理及其推论—余弦定理的应用"为"明线","事实—方法—方法论—数学学科本质观"为"暗线",强调结合明线布暗线,形成数学思想和基本方法.

在数学课堂中,"明""暗"两线的布局是较为内隐的,需要以直接、显性的数学问题链为依托,推动两线的有序推进.为了使学生能够有效地探究,教师需要把知识问题化、活动问题化、任务问题化.本节课的问题链从初中两个全等三角形的判定方法开始,经历如何通过三角形全等判定的元素定量表示其他元素,用什么方法探究定量之间的关系,运用什么方法证明余弦定理以及余弦定理能够解决哪类三角形问题等,不仅包含知识、思想层面,还包括认知层面.在问题层层递进的过程中,学生更加明晰学习目标,使自主探究与教师引导结合得更紧密.

正弦定理

台州市黄岩中学 江 强

一、教学内容

本节课的内容取自人教 A 版普通高中数学教科书（必修·第二册）第六章《平面向量及其应用》第四节《平面向量的应用》. 在旧版教材中，正弦定理的探究从特殊的直角三角形的边角关系入手，让学生经历从特殊到一般的思维过程，通过观察、猜想、验证、证明等步骤获得这一定理. 这一过程基于学生初中学习经验，从直角三角形出发直抵学生思维的最近发展区，但破坏了数学知识发展的整体性和联系性，没有与高一所学的三角函数、平面向量进行有效衔接. 新版教材中，"解三角形"被安排在"平面向量的应用"中，不仅突出了平面向量的工具性，也使得知识体系更加完整和合理. 虽然用向量法推出正弦定理不是最简单的方法，但向量及其运算是最基本的工具，其中蕴含了数形结合思想和"基"的思想方法.

二、教学目标

1. 尝试以两角一边为问题情境，分析和类比用向量法证明余弦定理，经历向量数量积（自乘、它乘）运算过程，理解正弦定理，进一步体会向量法解决几何问题的一般过程和工具性价值.

2. 理解用向量法证明的过程，尝试多角度探究正弦定理的证明，提升直观想象、数学运算、逻辑推理等数学核心素养.

3. 运用正弦定理解决一些简单的解三角形问题，形成解三角形问题的一般方法，加深对正弦定理的认识.

三、学情分析

学生已经学习了余弦定理，体会到用平面向量推导该定理的简捷性，明确一个三角形若已知"三边"或"两边一角"可以用余弦定理来解三角形，清楚余弦定理和勾股定理之间的内在联系. 通过余弦定理的证明过程，学生对用平面向量作为工具来解决几何问题有了一个初步的感受. 部分能力较强的学生能够添辅助线把锐角（钝角）三角形转化为直角三角形进行分析，具备从特殊到一般的思维策略. 但不少学生对已知两角和一边的三角形,如何利用平面向量进行分析和转化的能力是不足的,课堂上应该给予足够时间进行各种尝试.

四、教学重难点

1.教学重点:理解正弦定理的向量法证明过程,会用正弦定理解决简单的解三角形问题.
2.教学难点:正弦定理的向量法证明及其多视角的探究与证明.

五、教学策略

立足从数学内部提出问题,类比余弦定理的研究过程,引出运用向量数量积运算研究"已知两角和一边的三角形的边角问题",并通过小组合作,从不同角度进行探究和论证,挖掘正弦定理的内涵,发展学生的思维能力.

六、教学过程

(一)创设问题情境,提出研究问题

【问题1】余弦定理及其推论分别给出了"已知两边及其夹角""已知三边"直接解三角形的公式,如果已知两角和一边,是否也有相应的直接解三角形的公式呢?

师:已知两角和一边的三角形是唯一确定的吗?即已知角 A,B 与边 a,则三角形的其他边和角是唯一确定的吗?

生:角 $C=\pi-A-B$,问题在于如何用已知角 A,B 与边 a 来表示边 b,c.

师:对于这样的问题,你会想到用怎么样的策略来解决?研究一个陌生的数学问题常用的策略是什么呢?

生:从特殊到一般,我们可以类比余弦定理的研究方法.

设计意图 回顾余弦定理,对比目前问题中边、角条件的差异,明确三角形中的已知条件和目标,以及研究问题的策略,为下一步研究指明方向.

(二)确定研究策略,尝试定理推导

【问题2】在△ABC中,已知角 A,B,边 a,求边 b,c.

师:请大家根据不同的问题研究策略,分组尝试求边 b,c.

生1:采用从特殊到一般的方式,从直角三角形出发,到锐角三角形和钝角三角形的一般证明.

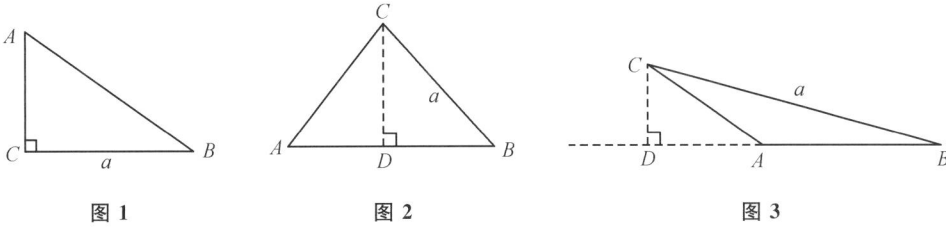

图 1　　　　　　　　图 2　　　　　　　　　图 3

生 2：如图 1 所示，$C=90°$，则易得 $c=\dfrac{a}{\sin A}=\dfrac{b}{\sin B}$，即可得 $\dfrac{c}{\sin C}=\dfrac{a}{\sin A}=\dfrac{b}{\sin B}$.

生 3：如图 2 所示，当三角形是锐角三角形时，构造直角，使其转化为直角三角形，$CD=a\sin B=b\sin A$，变形可得：$\dfrac{a}{\sin A}=\dfrac{b}{\sin B}$；作边 AC 上的高线，同理可得 $\dfrac{a}{\sin A}=\dfrac{c}{\sin C}$，正弦定理得证.

生 4：当三角形是钝角三角形时，如图 3 所示，类比于锐角三角形作高线，定理易得证.

师：同学们分析得非常好，证明正弦定理的关键是构造直角三角形，利用正弦函数，找到边角的关系.

师：能否类比余弦定理，利用平面向量的知识寻找边角的关系？

生：如图 4 所示，$\overrightarrow{AB}=\overrightarrow{CB}-\overrightarrow{CA}$，通过两边平方的数量积运算出现了角的余弦.

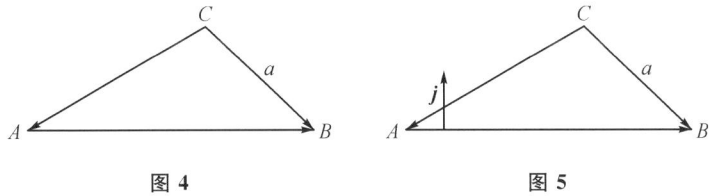

图 4　　　　　　　　图 5

师：我们需要的是角的正弦．将向量关系式转化为数量关系式，实际上运用的是向量的数量积，提炼两边算平方的"技术"——自乘，除了用"自乘"算向量数量积，还可以用"它乘"算向量数量积吗？

生：$\overrightarrow{AB}\cdot\overrightarrow{AC}=\overrightarrow{CB}\cdot\overrightarrow{AC}-\overrightarrow{CA}\cdot\overrightarrow{AC}$，化简可得 $c\cos A+a\cos C=b$，同理，点乘 $\overrightarrow{CB}$，得到类似的结论.

师：和自己进行点乘，"自己"是特殊的向量，那"它乘"中有没有更特殊的向量呢？

生：单位向量，可以构造与 $\overrightarrow{AB}$ 向量垂直的单位向量 j（如图 5），实现角之间互余关系的构造，把边与角之间的余弦关系转化为正弦关系. 那么，$\overrightarrow{AB}\cdot j=\overrightarrow{CB}\cdot j-\overrightarrow{CA}\cdot j$，即 $a\cos\left(B+\dfrac{\pi}{2}\right)-b\cos\left(A+\dfrac{\pi}{2}\right)=0$. 化简可得：$\dfrac{a}{\sin A}=\dfrac{b}{\sin B}$.

生：同理，作与 $\overrightarrow{BC}$ 向量垂直的单位向量 m，可得 $\dfrac{c}{\sin C}=\dfrac{b}{\sin B}$，因此 $\dfrac{c}{\sin C}=\dfrac{a}{\sin A}=\dfrac{b}{\sin B}$.

师:综上,在一个三角形中,各边和它所对角的正弦的比相等,即 $\dfrac{c}{\sin C}=\dfrac{a}{\sin A}=\dfrac{b}{\sin B}$,这就是我们今天要学的正弦定理.

设计意图 通过小组合作,汇报研究成果,发挥集体智慧,有利于克服证明过程中的难关.余弦定理,用向量法进行证明是比较简洁的,学生也可以充分感受到向量的工具性作用.但在证明正弦定理时,学生反而会觉得特别复杂.如何进行有效的衔接和过渡,小组合作的方式可以解决.

【问题3】两种证明方法在证明正弦定理的过程中,关键环节分别是什么?有没有共同点?

生:通过对比可知,第一种是为了构造直角三角形,第二种是利用垂直的单位向量,所以共同点就是构造垂直(直角).

设计意图 通过两种证明方法的对比,抓住两种证明方法实施的关键因素——垂直,感受不同的数学知识对应的转化途径与符号表达形式.反思两种证明方法的关键点,联想通过其他的途径来刻画垂直,为下面从不同视角推导奠定基础.

(三)不同视角推导,加深定理理解

【问题4】对"垂直"的几何关系还有其他知识和方法进行刻画吗?由此还能想到用其他方法证明正弦定理吗?

生:通过联系三角形的外接圆,将任意三角形问题转化为直角三角形问题.如图6所示,根据圆的相关几何性质,可得:$2R=\dfrac{c}{\sin D}=\dfrac{c}{\sin C}$.同理可得:$2R=\dfrac{b}{\sin\angle ABC}$,$2R=\dfrac{a}{\sin\angle CAB}$.所以 $\dfrac{c}{\sin C}=\dfrac{a}{\sin\angle CAB}=\dfrac{b}{\sin\angle ABC}=2R$.通过此种方法,得到各边和它所对角的正弦的比值的几何意义.

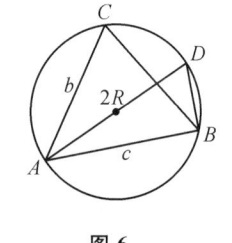

图6

师:垂直的几何关系,通过圆中直径所对的角是直角进行转化,为什么会想到圆?

生1:三角形确定,则其外接圆也是确定的.

生2:利用等面积法.根据三角形面积公式,可得 $S=\dfrac{1}{2}ab\sin C=\dfrac{1}{2}ac\sin B=\dfrac{1}{2}bc\sin A$,化简即得:$\dfrac{c}{\sin C}=\dfrac{a}{\sin A}=\dfrac{b}{\sin B}$.

师:说得很好,把垂直的几何关系,转化为三角形中的底和对应的高线,通过求三角形面积来进行刻画.

生:对了,还可以通过建立直角坐标系,利用三角函数的定义进行证明.

设计意图 通过不同视角对"垂直"进行刻画,从中提升分析问题、转化问题的能

力,体会正弦定理的简洁美、对称美与和谐美,进一步加深对正弦定理的理解.通过联想、转化来刻画"垂直",为学生提供证明的方向,如果时间不允许,具体的证明过程应该留到课后.

(四)挖掘定理内涵,提升应用能力

【问题5】通过对正弦定理的探索和多视角证明,相信同学们对正弦定理有了深刻理解.对比不同方法,请谈谈向量法证明的优缺点和对正弦定理的认识.

生1:从直角三角形出发,采用特殊到一般的方式,这容易想到.通过类比,将几何问题向量化处理,这也容易想到.但如何进行向量运算得到正弦定理是比较难的,关键还是构建垂直向量.

生2:和余弦定理的应用一样,需要知道三角形六个元素中的三个才能求其他量.

师:同学们说得很好,用向量法推导正弦定理可能不是最简单的方法,但大家应该充分感受到了向量作为解决几何问题的工具性价值,即不需要复杂的图象构造,通过向量运算就能确定边、角之间的等量关系.

设计意图 通过对正弦定理结构的观察、分析,进一步理解正弦定理的价值、内涵,能在具体问题中灵活运用.

【问题6】正弦定理可以解决什么问题？能举一些例子吗？

生1:在 $\triangle ABC$ 中,已知 $A=15°,B=45°,c=3+\sqrt{3}$,解这个三角形.

生2:在 $\triangle ABC$ 中,已知 $b=\sqrt{2},c=2,B=30°$,解这个三角形.

生3:在 $\triangle ABC$ 中,满足 $a\cos A=b\cos B$,判断 $\triangle ABC$ 的形状.

……

教师引导学生提炼该定理的适用类型:(1)已知两角与一边.(2)已知两边与其中一边的对角.对比余弦定理的适用类型"已知三边""已知两边一夹角",发现"两边一对角"这种情况,不只可以用正弦定理(可能解不唯一),也可以用余弦定理(建立关于边的二次方程)解决.

设计意图 通过举例并进行演算,有效区分余弦定理的应用条件,进一步理解正弦定理的应用情境,加强综合应用的能力.

(五)课堂反思回顾,提炼学习方法

【问题7】通过本节课的学习,请从知识、方法、思想等角度总结这节课.对比余弦定理的学习过程,你有什么感受？

生1:类比余弦定理的证明,可以利用向量法证明正弦定理,得到对边对角的等量关系,证明过程中关键是数形结合,以及用不同方式对垂直进行表示.以后要尝试从不同角度看待一些问题,例如从数、形的角度.

生2：有了正弦定理，可以得到 $a:b:c=\sin A:\sin B:\sin C$，三角形的边、角就可以相互转化，三角形中的大边对大角就得到了证明．

生3：初中学习的有些几何图形的性质，应该也可以尝试用向量法进行证明．

师：大家能用联系、类比的眼光看待定理和初中所学的知识，能通过正、余弦定理的学习，迁移、联想到对初中所学三角形性质定理的重新理解，并尝试用向量的工具性对初中所学的几何知识进行探究，已经开始像数学家一样思考和解决问题了．

设计意图 从知识、方法、思想等角度对本节课作总结和反思，突出平面向量作为工具来解决平面几何中解三角形问题．

七、课后作业

（一）基础性作业

1. 在 $\triangle ABC$ 中，已知 $a=2, c=\dfrac{2\sqrt{3}}{3}, A=120°$，求 C, b．

2. 在 $\triangle ABC$ 中，已知 $\cos A=\dfrac{4}{5}, B=\dfrac{\pi}{3}, c=\sqrt{3}$，求 a, c．

3. 已知 a, b, c 分别为 $\triangle ABC$ 的三个内角 A, B, C 的对边，且 $a\cos C+\sqrt{3}a\sin C-b-c=0$，求 A．

4. 如图7，直线 l 与 $\triangle ABC$ 的边 AB, AC 分别相交于点 D, E．设 $AB=c, BC=a, CA=b, \angle ADE=\theta$，请用向量法探究 θ 与 $\triangle ABC$ 的边和角之间的等量关系．

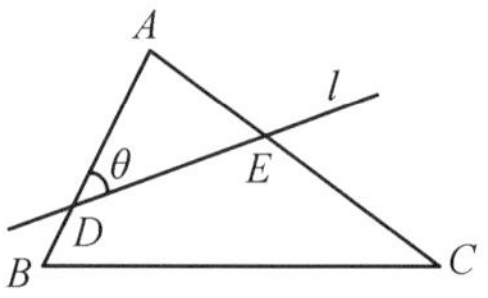

图7

（二）反思性作业

5. 类比正、余弦定理证明时运用的向量法，请尝试用向量法证明三角形中存在的其他边角等量关系．

设计意图 题1、题2偏基础巩固，题3、题4偏能力提升．通过分层次作业，大部分学生巩固了本节课所学知识和方法，而数学能力和素养较强的学生也得到了进一步提升知识综合运用的能力．题5是一道反思性作业，通过对正、余弦定理向量法证明的理解，尝试解决和发现三角形中存在的其他边角等量关系．学生在探究中进一步体会向量法在解决几何问题时的便捷，深刻感受向量是沟通代数和几何的重要工具．

八、教学反思

本节课立足从数学内部提出问题，类比余弦定理学习经历，从特殊三角形的边角关系入手，通过对向量法的迁移转化，让学生经历正弦定理的推导过程．通过对两种证明方法的对比反思,学生能找到其证明过程中的共同点,并衍生出其他的证明方法,真正体会到向量法作为平面几何问题证明的工具性价值.学生能进一步明确向量法证明几何问题的一般过程:先对几何问题中的边角进行向量化,再通过向量运算得到等量关系,最后返回到相应边角的定量关系.教师从向量的工具性这一角度开展教学,有效提升学生看三角形的"眼光",深化学生对向量和三角形的认识.

第三辑 复习课

利用点的坐标处理解析几何问题

台州市第一中学　丁君斌

一、教学内容

本节课的内容取自人教 A 版普通高中数学教科书（选择性必修·第一册）第三章《圆锥曲线的方程》。在处理解析几何的问题时，韦达定理被运用得最频繁．有的学生将其视为"必备结构"，无论此题是否有思路，都先联立方程，再利用韦达定理，其结果往往是"消不去"．实际上有些解析几何问题的求解不依赖于传统的"设点，联立，消元，韦达定理整体代入"等步骤，会遇到两根不对称的情形．此时，"找关系""用性质""解交点"就显得很有必要了．

二、教学目标

1.学会利用点的坐标处理解析几何问题．

2.能掌握两根不对称的解析几何问题的常见求解策略．

3.进一步领悟解析几何中蕴含的数形结合和转化的基本思想，体会几何直观与代数运算之间的融合，提升逻辑推理和运算能力．

三、学情分析

本节课的内容可作为高三解析几何专题复习课使用，授课对象为高三学生．学生经历两年多的数学学习，储备了一定的解析几何素养（用代数的方法解决几何问题），也练就了较强的运算毅力和能力．

四、教学重难点

1.教学重点：利用点的坐标处理解析几何问题．

2.教学难点：合理利用点坐标．

五、教学策略

一题多解、一题多思的教学模式；启发式教学原则；学生探究和教师讲授相结合．

六、教学过程

【引导语】解析几何题以其思维量大、运算繁杂而使同学们胆战心惊.纵观历年数学高考真题,固然有一些试题考查我们的运算能力和坚韧不拔的意志(这是高考着重要考查的一个方面),但不可否认,有些试题只要稍稍留意,运用平时积累的运算技巧,便能减少运算量,节约解题时间,提高正确率.

(一)典例探究

【例】 已知椭圆 C 的离心率 $e=\dfrac{\sqrt{3}}{2}$,长轴的左、右端点分别为 $A_1(-2,0),A_2(2,0)$.

(1)求椭圆 C 的方程.

(2)设直线 $x=my+1$ 与椭圆 C 交于 P,Q 两点,直线 A_1P 与 A_2Q 交于点 S.当 m 变化时,点 S 是否恒在一条定直线上?若是,请写出这条直线方程,并证明你的结论;若不是,请说明理由.

教师引导学生快速解决第一小问.

生:(1)设椭圆 C 的方程 $\dfrac{x^2}{a^2}+\dfrac{y^2}{b^2}=1(a>b>0)$,因为 $a=2,e=\dfrac{c}{a}=\dfrac{\sqrt{3}}{2}$,所以 $c=\sqrt{3}$,$b^2=a^2-c^2=1$,所以椭圆 C 的方程为 $\dfrac{x^2}{4}+y^2=1$.

【问题1】 你认为点 S 是否恒在一条直线上?如果是,会在哪条直线上?你是如何判断的?

生1:根据椭圆的对称性,可以判断,如果点 S 在一条直线上,那么这条直线一定垂直于 x 轴.因此只计算点 S 的横坐标是否为定值即可.

生2:(求解)设 $P(x_1,y_1),Q(x_2,y_2)$,则 A_1P 的方程是 $y=\dfrac{y_1}{x_1+2}(x+2)$,$A_2Q$ 的方程是 $y=\dfrac{y_2}{x_2-2}(x-2)$.

由 $\begin{cases} y=\dfrac{y_1}{x_1+2}(x+2), \\ y=\dfrac{y_2}{x_2-2}(x-2) \end{cases}$ 得 $\dfrac{y_1}{x_1+2}(x+2)=\dfrac{y_2}{x_2-2}(x-2)$,

即 $x=2\cdot\dfrac{y_2(x_1+2)+y_1(x_2-2)}{y_2(x_1+2)-y_1(x_2-2)}=2\cdot\dfrac{y_2(my_1+3)+y_1(my_2-1)}{y_2(my_1+3)-y_1(my_2-1)}$

$=2\cdot\dfrac{2my_1y_2+3y_2-y_1}{3y_2+y_1}$.   ①

另一方面,联立 $\begin{cases} \dfrac{x^2}{4}+y^2=1, \\ x=my+1, \end{cases}$ 得 $(my+1)^2+4y^2=4$,即 $(m^2+4)y^2+2my-3=0$.

则 $y_1+y_2=\dfrac{-2m}{m^2+4}$,$y_1y_2=\dfrac{-3}{m^2+4}$.

【问题 2】 由于①式的两根不对称,韦达定理没法直接代入,该怎么处理?

生:利用 P,Q 两点的纵坐标.

方法 1: $y_{1,2}=\dfrac{-2m\pm\sqrt{\Delta}}{2(m^2+4)}$,

$$x=2\cdot\dfrac{2my_1y_2+3y_2-y_1}{3y_2+y_1}=2\cdot\dfrac{2m\cdot\dfrac{-3}{m^2+4}+3\cdot\dfrac{-2m+\sqrt{\Delta}}{2(m^2+4)}-\dfrac{-2m-\sqrt{\Delta}}{2(m^2+4)}}{3\dfrac{-2m+\sqrt{\Delta}}{2(m^2+4)}+\dfrac{-2m-\sqrt{\Delta}}{2(m^2+4)}}$$

$$=2\cdot\dfrac{-16m+4\sqrt{\Delta}}{-8m+2\sqrt{\Delta}}=4.$$

生:所以点 S 在直线 $x=4$ 上.

【问题 3】 利用求根公式是一种解决两根不对称问题的重要方法,但有时也略显烦琐.能否使用韦达定理对本题进行优化?

生:对韦达定理进行变形后整体代入.

优化 1: 由 $y_1+y_2=\dfrac{-2m}{m^2+4}$,得 $y_2=\dfrac{-2m}{m^2+4}-y_1$,

所以 $x=2\cdot\dfrac{2my_1y_2+3y_2-y_1}{3y_2+y_1}=2\cdot\dfrac{2m\cdot\dfrac{-3}{m^2+4}+3\left(\dfrac{-2m}{m^2+4}-y_1\right)-y_1}{3\left(\dfrac{-2m}{m^2+4}-y_1\right)+y_1}=4.$

优化 2: 由 $y_1+y_2=\dfrac{-2m}{m^2+4}$,$y_1y_2=\dfrac{-3}{m^2+4}$ 得 $\dfrac{y_1+y_2}{y_1y_2}=\dfrac{2m}{3}$,

所以将 $my_1y_2=\dfrac{3}{2}(y_1+y_2)$ 代入,得

$$x=2\cdot\dfrac{2my_1y_2+3y_2-y_1}{3y_2+y_1}=2\cdot\dfrac{2\left[\dfrac{3}{2}(y_1+y_2)\right]+3y_2-y_1}{3y_2+y_1}=2\cdot\dfrac{6y_2+2y_1}{3y_2+y_1}=4.$$

【问题 4】 在解这道题的过程中,你认为哪里容易出错,可以继续优化?

生:在由 $\begin{cases}y=\dfrac{y_1}{x_1+2}(x+2),\\ y=\dfrac{y_2}{x_2-2}(x-2)\end{cases}$ 得 $x=2\cdot\dfrac{y_2(x_1+2)+y_1(x_2-2)}{y_2(x_1+2)-y_1(x_2-2)}$ 时容易出错,可以通过求出 $\dfrac{x+2}{x-2}$ 是定值,进而求出 x 来简化运算.

方法 2: 由 $\begin{cases}y=\dfrac{y_1}{x_1+2}(x+2),\\ y=\dfrac{y_2}{x_2-2}(x-2)\end{cases}$ 得 $\dfrac{x+2}{x-2}=\dfrac{(x_1+2)y_2}{(x_2-2)y_1}=\dfrac{(my_1+3)y_2}{(my_2-1)y_1}=\dfrac{my_1y_2+3y_2}{my_1y_2-y_1}\cdots$

(后续步骤同方法 1,即可求得 $\frac{x+2}{x-2}=3$,即 $x=4$)

【问题 5】 本题在求得 $\frac{x+2}{x-2}=\frac{(x_1+2)y_2}{(x_2-2)y_1}$ 时,还是比较对称的,通过直线方程消去参数 x_1,x_2 后就变得不对称了. 是否还有其他方法来消去参数 x_1,x_2?

生:可以通过点代入椭圆方程,消去参数 x_1,x_2.

方法 3:由 $\frac{x+2}{x-2}=\frac{(x_1+2)y_2}{(x_2-2)y_1}$

得 $\left(\frac{x+2}{x-2}\right)^2=\frac{(x_1+2)^2 y_2^2}{(x_2-2)^2 y_1^2}=\frac{(x_1+2)^2(x_2^2-4)}{(x_2-2)^2(x_1^2-4)}=\frac{(x_1+2)(x_2+2)}{(x_1-2)(x_2-2)}=\frac{x_1x_2+2(x_1+x_2)+4}{x_1x_2-2(x_1+x_2)+4}$.

(转化成两根对称问题,直接利用韦达定理,即可求解)

设计意图 解析几何问题首先要注重"几何",通过几何直观,初步判断出点 S 恒在一条与 x 轴垂直的定直线上这一重要几何特征,再通过代数运算来具体算出这条直线. 在代数运算中的一个重要思想是"设而不求". 然而本题却是"设而要求",通过求出点坐标(解交点)来求解,显得非常直观简洁. 另外,通过一题多解、一题多思的训练能有效掌握解析几何化简的"精髓".

(二)课堂练习

如图,F_1,F_2 分别为椭圆 $C:\frac{x^2}{a^2}+\frac{y^2}{b^2}=1(a>b>0)$ 的左、右焦点,椭圆 C 上的点到 F_1 距离的最大值为 5,离心率为 $\frac{2}{3}$,A,B 是椭圆 C 上位于 x 轴上方的两点,且直线 AF_1 与 BF_2 平行.

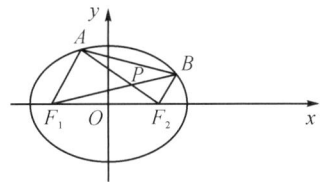

图 1

(1)求椭圆 C 的方程.

(2)设 AF_2 与 BF_1 的交点为 P,求证:$|PF_1|+|PF_2|$ 为定值.

学生自主求解,教师邀请一位学生板演.

解:(1)$e=\frac{c}{a}=\frac{2}{3}$,依椭圆性质可得:$a+c=5$,

∴$a=3,c=2,b^2=a^2-c^2=5$.

所以椭圆 C 的方程为 $\frac{x^2}{9}+\frac{y^2}{5}=1$.

(2)由(1)可得:$F_1(-2,0),F_2(2,0)$,设 $A(x_1,y_1),B(x_2,y_2)$,

设直线 $AF_1: x = my - 2$,与椭圆方程联立有:

$$\begin{cases} x = my - 2, \\ 5x^2 + 9y^2 = 45, \end{cases} \Rightarrow 5(my-2)^2 + 9y^2 = 45,整理可得:$$

$(9 + 5m^2)y^2 - 20my - 25 = 0.$

$\therefore y_1 = \dfrac{20m \pm \sqrt{(20m)^2 + 100(9 + 5m^2)}}{2(9 + 5m^2)} = \dfrac{10m \pm 15\sqrt{m^2+1}}{9 + 5m^2}.$

由 $y_1 > 0$,可得: $y_1 = \dfrac{10m + 15\sqrt{m^2+1}}{5m^2 + 9}.$

$\therefore |AF_1| = \sqrt{1+m^2}\,|y_1 - 0| = \sqrt{1+m^2} \cdot \dfrac{10m + 15\sqrt{m^2+1}}{5m^2+9}.$ ①

同理,设直线 $BF_2: x = my + 2$,可求得:

$y_2 = \dfrac{-10m \pm 15\sqrt{m^2+1}}{9+5m^2}.$

$\therefore |BF_2| = \sqrt{1+m^2}\,|y_2 - 0| = \sqrt{1+m^2} \cdot \dfrac{-10m + 15\sqrt{m^2+1}}{5m^2+9}.$ ②

另一方面,$\because AF_1 \parallel BF_2$,

$\therefore \dfrac{|PF_1|}{|PB|} = \dfrac{|AF_1|}{|BF_2|} \Rightarrow \dfrac{|PF_1|}{|PB|+|PF_1|} = \dfrac{|AF_1|}{|BF_2|+|AF_1|} \Rightarrow \dfrac{|PF_1|}{|BF_1|} = \dfrac{|AF_1|}{|BF_2|+|AF_1|},$

$\therefore |PF_1| = \dfrac{|AF_1| \cdot |BF_1|}{|BF_2|+|AF_1|} = \dfrac{|AF_1| \cdot (2a - |BF_2|)}{|BF_2|+|AF_1|}.$

同理,$|PF_2| = \dfrac{|BF_2| \cdot (2a - |AF_1|)}{|BF_2|+|AF_1|},$

$\therefore |PF_1| + |PF_2| = \dfrac{|AF_1| \cdot (2a - |BF_2|)}{|BF_2|+|AF_1|} + \dfrac{|BF_2| \cdot (2a - |AF_1|)}{|BF_2|+|AF_1|}$

$= \dfrac{2a(|AF_1|+|BF_2|) - 2|AF_1| \cdot |BF_2|}{|BF_2|+|AF_1|} = 2a - \dfrac{2|AF_1| \cdot |BF_2|}{|BF_2|+|AF_1|}$

$= 6 - \dfrac{2|AF_1| \cdot |BF_2|}{|BF_2|+|AF_1|}.$ ③

由①和②可得:

$|AF_1| + |BF_2| = \sqrt{1+m^2} \cdot \dfrac{10m + 15\sqrt{m^2+1}}{5m^2+9} + \sqrt{1+m^2} \cdot \dfrac{-10m + 15\sqrt{m^2+1}}{5m^2+9}$

$= \dfrac{30(m^2+1)}{5m^2+9}.$

$|AF_1| \cdot |BF_2| = \sqrt{1+m^2} \cdot \dfrac{10m + 15\sqrt{m^2+1}}{5m^2+9} \cdot \sqrt{1+m^2} \cdot \dfrac{-10m + 15\sqrt{m^2+1}}{5m^2+9}$

$= \dfrac{25(1+m^2)}{5m^2+9}.$

代入到③可得:$|PF_1|+|PF_2|=6-\dfrac{2\cdot\dfrac{25(1+m^2)}{5m^2+9}}{\dfrac{30(m^2+1)}{5m^2+9}}=6-\dfrac{5}{3}=\dfrac{13}{3}$.

∴ $|PF_1|+|PF_2|$ 为定值.

师(点评):该生利用求根公式,求出点 A,B 的纵坐标,利用几何特征把 $|PF_1|$, $|PF_2|$ 转化到 $|AF_1|$,$|BF_2|$ 从而得出结果.实际上,本题也可通过延长 AF_1 交椭圆于点 C,利用 B,C 两点的对称性简化运算.另外,本题也可借助椭圆的定义解答,只需证明点 P 的轨迹为椭圆即可.同学们可以课后尝试一下这两种方法.

(三)课堂小结

师:利用点坐标处理解析几何问题的几种类型,有哪些注意点?

生:在联立方程消元后,如果发现交点的坐标并不复杂(目标式子中没有 x_1+x_2, x_1x_2,y_1+y_2,y_1y_2),则可考虑把点的坐标解出来(或用核心变量进行表示).

生:直线与曲线相交,若其中一个交点的坐标已知,则另一交点必然可求(可用韦达定理或因式分解求解).

师生共同谈谈本节课的收获:

解析几何试题涉及几何要素多,其结构关系复杂、算法设计要求高、代数变形技巧强,往往会让学生陷入"有想法、没办法""想得到、做不到"的思维窘境.其中有个重要遇阻因素是对直线方程的假设,是直接采用斜率作参量,还是用点的坐标作参量,即是设点还是设线.

设线,主要涉及两个变量,即斜率、截距,运算方向清晰,主元识别相对容易;设点,往往涉及多个点的坐标,坐标关系复杂,运算过程中对学生代数变形能力要求高,灵活性强,但解法中常有惊艳之处.三点共线、线段倍长关系、中点弦问题的点差法、垂直关系的转化是设点的经典解法.

七、课后作业

(一)基础性作业

1.已知 $P\left(1,\dfrac{\sqrt{3}}{2}\right)$ 为椭圆 $E:\dfrac{x^2}{a^2}+\dfrac{y^2}{b^2}=1(a>b>0)$ 上一点,上、下顶点分别为点 A、B,右顶点为点 C,且 $a^2+b^2=5$.

(1)求椭圆 E 的方程.

(2)若点 P 为椭圆 E 上异于顶点的一动点,直线 AC 与 BP 交于点 Q,直线 CP 交 y 轴于点 R(如图2).求证:直线 RQ 过定点.

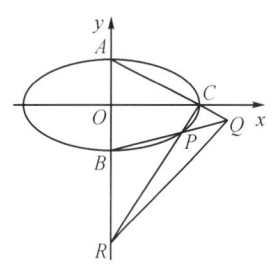

图2

(3)能否对本题进行一个改编(如椭圆能否改成双曲线,点 A,B 能否改成椭圆上关于原点对称的任意两点),说明理由并证明结论.

设计意图　第(1)(2)题是基础题,目的在于让学生继续熟练利用点坐标去解决解析几何问题.第(3)题是开放题,通过对题目的改编,让学生更好地理解本题的实质(精髓),拓展学生的思维和视野,使学生成为学习中的发现者和创造者.

(二)反思性作业

2.解完第1题后,请大家思考一下.这类题往往涉及哪些基本概念?得出结论需要哪些条件?你为什么想不到(或能想到)这类题的解法?你认为解这类题的一般步骤是什么?

八、教学反思

韦达定理在解析几何问题的求解中,有着不可或缺的地位.对于直接运用韦达定理的运算,同学们已经非常熟练,然而却不明白使用韦达定理的实质是什么.实质是"设而不求,整体代入",这是因为在解析几何中,一些问题的求解经常与 $x_1+x_2,x_1x_2,y_1+y_2,y_1y_2$ 相关,利用韦达定理可进行整体代入,可避免因为根的形式过于复杂导致运算烦琐.如果没有 $x_1+x_2,x_1x_2,y_1+y_2,y_1y_2$,还是盲目地使用韦达定理就会南辕北辙了.

课上教师通过计算点的坐标来解决解析几何问题,让学生理解韦达定理并不是解析几何的必备工具,只是在需要进行整体代入时才适合运用的一种手段.另外,碰到两根不对称问题也可通过韦达定理的变形,用点代入曲线等方法实现整体消元.

从作业反馈来看,通过本节课的学习,学生学会了利用点坐标解决解析几何问题的方法,并且通过反思,分析出以下几点:

(1)优点:如果能得到点的坐标,那么便可应对更多的问题,且计算更为灵活,不受 $x_1+x_2,x_1x_2,y_1+y_2,y_1y_2$ 形式的约束.

(2)缺点:有些方程的根过于复杂(例如用求根公式解出的根),从而使得点的坐标也变得复杂,导致运算烦琐.那么,此类问题则要考虑是否有机会采取必要的措施进行整体代入.

(3)在利用点的坐标处理问题时也要注意运算的技巧,要将运算的式子与条件紧密联系,若能够整体代入,也要考虑整体代入后能否简化运算(整体代入是解析几何运算简化的精髓).

空间距离的计算

仙居县城峰中学　张　嫣

一、教学内容

空间距离的计算,是新教材新增的内容,也是高考的一个热点.

几何的本质在于度量,长度和角度是两个基本的几何量,而角度问题最后都会化归为长度问题.因此,可以说度量的本质在于长度.两点间的距离被定义为连接两点的直线段的长度,这个定义基于欧氏空间的最基本结构——两定点间的所有连线中有且只有一条最短,即线段.有了空间两点距离的定义,其他类型的距离都可以转化为两点间的距离.

向量既有大小又有方向,是表达度量问题的一个理想工具.我们可以通过投影向量和勾股定理来求距离,其中关键要发挥方向向量和法向量的作用.除向量法外,还有几何法,如直接定义法、转化法、等体积法等,这些方法对学生的空间想象能力和逻辑推理能力提出了更高的要求.

本节课以一道江苏省数学高考题为例,通过改编和变式,把一个静态的问题转变为一个动态、开放的问题.

二、教学目标

1.能说出空间距离的具体类型及它们之间的区别与联系,体会化归的数学思想.

2.通过一道具体的距离问题,掌握点面距离的各种求法,体会各种解法的优劣,学会选择合适的方法.

3.在对高考题的变式研究过程中,提升发现问题和提出问题的能力,形成直观想象、数学运算和逻辑推理等素养.

三、学情分析

本节课是高三的一节一轮复习课.学生在前面的学习过程中,对空间距离及求法有了一定的认识,但缺乏系统性,没有形成良好的认知结构.学生对向量法的三个技术难点(建系、坐标和公式)还没有完全突破,比如部分同学还不清楚怎么样的坐标系是有利于计算的坐标系,对向量距离公式记忆模糊,计算容易出错等.这些都和学生对向量法所蕴含的基本思想领悟不深,缺乏运算经验等有关.在几何法中,学生往往优先选择等体积法,但在图形中找不到线面垂直的情况时,就只会选择向量法.

四、教学重难点

1.教学重点:会用向量法、几何法求点面距离.
2.教学难点:方法的灵活选择.

五、教学策略

作为高三一轮复习课,本节课内容较多,对部分解法可以利用PPT进行展示,对动态问题可以利用GGB软件和纸等实物直观演示.

六、教学过程

(一)自主整理,温故知新

教师请学生回顾之前所学,完成下列任务:
1.空间距离有哪些类型?请用流程图梳理出它们之间的关系.
2.点面距离有哪些求法?请罗列出来.在解决具体问题时,你如何选择这些方法?
学生课前自主完成以上任务.

设计意图 通过问题框架,自主整理空间距离的相关内容,初步形成知识结构,形成良好的学习习惯和自主学习的能力.

(二)透析原点,多元表示

【引导语】距离是欧氏空间中定量分析的一个很重要的量.今天,我们就来复习空间距离的计算.

【问题1】空间距离有哪些类型?它们是如何被定义的?(结合图1直观演示)

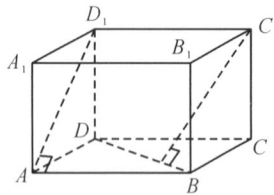 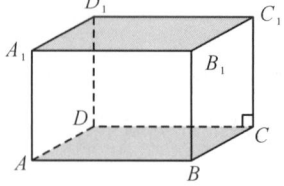

图1

学生展示完成的自主整理中的任务1,发言讨论,画出流程图:

点点距离 → { 点线距离, 点面距离 } → { 线线距离, 线面距离 → 面面距离 }

图2

追问1 所有这些距离其实最后都要转化为什么距离?距离的本质是什么?

生(思考):所有距离最后都可转化为点点距离,距离的本质是点点之间距离的最小值.

追问2 在空间距离中,各种距离间的关系体现了什么样的数学思想?

生:提炼出化归的数学思想,空间问题要平面化.

设计意图 以长方体为载体,搞清各种距离的区别与联系,体会空间问题平面化的化归思想.

【问题2】距离除了直观地用线段表示,还有其他的表示形式吗?

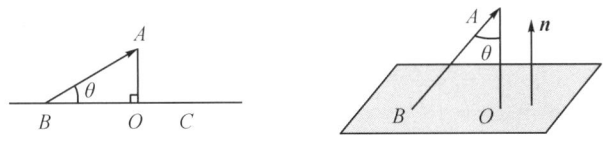

图3

学生回忆,画出图3并写出点到线的距离公式 $d=\sqrt{\overrightarrow{AB}^2-\left(\dfrac{|\overrightarrow{AB}\cdot\overrightarrow{BC}|}{|\overrightarrow{BC}|}\right)^2}$ 和点到面的距离公式 $d=\dfrac{|\overrightarrow{AB}\cdot\boldsymbol{n}|}{|\boldsymbol{n}|}$.

追问 利用向量求距离,有什么优越性?

生(归纳):向量法无须找垂足,只需利用运算求解.

设计意图 强化距离公式的记忆,体会数形结合的思想,形成良好的认知结构.

(三)自主探究,形成结构

【例1】如图4,在四棱锥 $P-ABCD$ 中,_____,$PD=DC=BC=1$,$AB=2$,$AB//DC$,$\angle BCD=90°$,请在横线上添加一个能确定点 P 位置的条件,求:

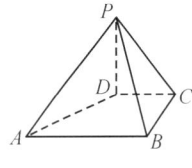

图4

(1)点 A 到直线 PC 的距离.

(2)点 A 到平面 PBC 的距离.

学生观察和分析空间几何体结构特征,发现该几何体的底是确定的,但顶点 P 的位置不确定.点 P 在一个以点 D 为球心,1 为半径的球面上.绝大部分学生会选择添加条件:$PD\perp$ 平面 $ABCD$.

追问1 为什么选择 $PD\perp$ 平面 $ABCD$?

生:这样更加方便计算.

追问2 空间里确定一个点的位置需要几个独立条件?

教师引导学生发现空间里确定一个点的位置需要三个独立条件,即三个独立的方程.当选择 $PD\perp$ 平面 $ABCD$ 时,恰好可以很容易地找到三个独立的方程,而且便于后续计算.

设计意图 通过一个结构不良的试题,引导学生避免思维定势.

【问题3】对于例1中的第(2)题,能说说你有哪些求解思路吗?

学生独立思考后交流讨论.教师请部分学生发表观点,引导学生对每一种思路的合理性进行评价.

【解法1】等体积法.

设点 A 到平面 PBC 的距离为 h,

$\because PD\perp$ 平面 $ABCD$,$\therefore PD\perp BC$.

$\because BC\perp CD,CD\cap PD=D,\therefore BC\perp$ 平面 $PDC,\therefore BC\perp PC$.

$\because AB=2,BC=PD=1,PC=\sqrt{2}$,$V_{棱锥P-ABC}=V_{棱锥A-PBC}$,

$\therefore \dfrac{1}{3}\times\dfrac{1}{2}\times AB\cdot BC\cdot PD=\dfrac{1}{3}\times\dfrac{1}{2}\times BC\cdot PC\cdot h,\therefore h=\sqrt{2}$.

追问1 等体积法对几何体结构有什么要求?等体积法体现了什么样的数学思想?这位同学的书写格式有没有需要补充说明的地方?

生(思考):等体积法要求知道锥体中另一点到对应底面的距离,它体现了转化的数学思想.

教师点评并规范书写.

【解法2】向量法.

如图5,以 C 为原点,分别以 CD,CB 所在直线为 x,y 轴,过点 C 作平面 $ABCD$ 的垂线为 z 轴,

则 $C(0,0,0),A(2,1,0),B(0,1,0),D(1,0,0),P(1,0,1),\therefore \overrightarrow{PA}=(1,1,-1)$.

设平面 PBC 的法向量为 $\boldsymbol{n}=(x,y,z)$,

$\therefore \begin{cases}\boldsymbol{n}\cdot\overrightarrow{CB}=0,\\ \boldsymbol{n}\cdot\overrightarrow{CP}=0,\end{cases} \therefore \boldsymbol{n}=(1,0,-1)$.

$\therefore d=\dfrac{|\overrightarrow{PA}\cdot\boldsymbol{n}|}{|\boldsymbol{n}|}=\sqrt{2}$.

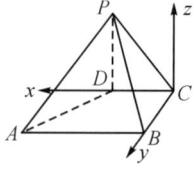

图5

追问2 向量法需解决哪些技术上的问题?本题中建系如何建比较好?

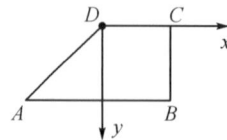 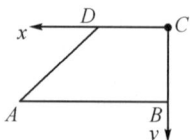

图6

学生展示各自的建系方式,如图6.教师分析点评,明确不同建系对后续运算的影响.

【解法 3】直接法.

生：取 AB 的中点 E，以 $CDEB$ 为底补出一个正方体求解.

追问 3 你是怎么想到的？

教师引导学生发现该几何体有两两垂直的"三节棍"，即 PD,DC,BC.

【解法 4】转化法.

生：转化为点 D 到平面 PBC 距离的两倍，或过点 A 作 CB 的平行线交 CD 的延长线于点 Q，即求 Q 到平面 PBC 的距离.

追问 4 你是怎么想到的？平面 PBC 的垂面现成的有吗？这个面有什么比较遗憾的地方？

生：几何体中已经有现成的平面 PDC 与平面 PBC 垂直，但该平面不过点 A，需转化.

【问题 4】求点面距离有那么多方法，该怎么去选择最适合的方法呢？

学生总结，教师补充提炼点面距离的思维导图（如图 7）：

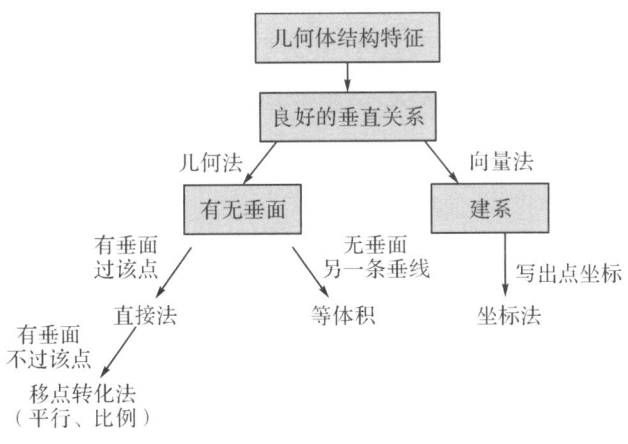

图 7

设计意图 通过对一道江苏省立体几何题的变式探究，实现一题多解，引导学生形成良好的解题思路和方法结构.

(四)问题变式,反思探究

【问题 5】对于例 1 中的几何体，你还能提出其他类型的距离问题吗？

学生提出求 CD 与平面 PAB，AD 与 PC 之间的距离等问题.

【问题 6】在四棱锥 $P-ABCD$ 中，_____，$PD=DC=BC=1$，$AB=2$，$AB/\!/DC$，$\angle BCD=90°$. 你能在横线上添加一个与点 P 有关的条件，提出和点 A 到平面 PBC 的距离有关的最值问题吗？

学生提出问题，教师挑一个合适的问题在课堂上加以研究. 教师可以先自己预设几个，如 $PC=\sqrt{2}$，$PA=\sqrt{3}$ 等.

设计意图 把一个静态问题转变成一个动态问题,通过反思变式,既巩固了空间距离的求解,又锻炼了发现问题和提出问题的能力.

(五)回顾小结,总结提升

[问题 7] 本节课,我们主要探讨了一道空间距离问题,请你谈谈:
(1)点线、点面、线面、面面距离之间的联系.
(2)如何求点面距离? 如何求其他类型的空间距离? 涉及哪些思想方法?
学生自主总结回答.

设计意图 明确定义、求法,形成结构,进一步感受化归降维、数形结合、函数思想.

七、课后作业

(一)基础性作业

1.已知 $\angle ACB = 90°$,P 为平面 ABC 外一点,$PC = 2$,点 P 到 $\angle ACB$ 两边 AC,BC 的距离均为 $\sqrt{3}$,那么点 P 到平面 ABC 的距离为_____.

2.半径为 R 的四个球两两相切地放在桌面上,则上面一个球的球心到桌面的距离为_____.

3.如图 8,在四棱锥 $P-ABCD$ 中,底面 $ABCD$ 是平行四边形,$\angle ABC = 45°$,$CF \perp BC$,$CF = BC = 2$,$PA = PB$,平面 $PAB \perp$ 平面 $ABCD$,EF 分别是 PD,AB 的中点.
(1)求证:EF∥平面 PBC.
(2)若 CE 与平面 PCF 所成角 $\theta = 30°$,求点 B 到平面 CEF 的距离.

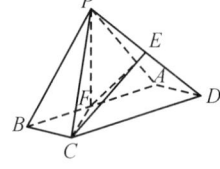

图 8

(二)反思性作业

4.对问题 6 中未完成的距离问题继续加以研究.

5.类似地,请用流程图梳理出空间角的类型与求法.结合本节课中的几何体,请你再提出一些空间角的问题并加以完成.

设计意图 巩固内化方法,为后续空间角的复习做好铺垫.

八、教学反思

笔者在设计本节课的教学过程中特别注意了以下几点:

1.帮助学生构建良好的认知结构

首先,本节课系统地梳理知识,使知识系统化、结构化.在梳理知识的过程中,笔者注重研究内容和研究方法的融合,强调研究空间距离这类问题的数学思想方法,即一贯的转化与化归思想——化"空间"为"平面",并引导学生将这一思想方法迁移到空间角的复习.其次,本节课通过对一道高考题的变式研究,帮助学生积累解题的经验和方法,锻炼学生发现问题、提出问题和解决问题的能力.

2.促进学生学习方式的改变

首先,本节课将学习任务进行了前置设计,力图给学生更多的自主学习和思考的空间,让学生自主进行知识构建,发现学习过程中的问题,培养学生良好的学习习惯和自主学习的能力.其次,本节课设计了一些开放的、结构不良的试题,引导学生从最有利的方向入手,积极锤炼数学思维,锻炼核心素养能力.最后,本节课通过一连串问题,引导学生归纳反思,加深对基础题型、基础方法的理解,遇到问题能灵活变通.

利用定义　巧求最值

台州市第一中学　丁君斌

一、教学内容

最值问题是高中数学中的重点内容之一,理所当然地成为每次考试的热点.纵观各类试题,最值问题设问灵活,综合性强,具有一定的难度,着重考查学生分析问题和解决问题的能力.灵活选择适当的解题方法方能达到事半功倍的效果.本节课主要讨论利用最值定义求解最值问题,为学生的备考提供一种思路.

二、教学目标

1. 初步掌握利用定义法求解一类最值问题.
2. 经历"问题—反思—问题—再反思"的过程,感受数学的至精至简.

三、学情分析

本节课是一节综合复习课(也可作为高三一轮专题复习课).学生已经学完人教A版普通高中数学教科书(必修·第一册)等有关知识,具备了必要的认知基础,也具有了一定的观察分析、抽象概括能力.

四、教学重难点

1. 教学重点:运用定义求解一类最值问题.
2. 教学难点:如何正确灵活利用定义.

五、教学策略

本节课将通过"问题—反思—问题—再反思"的教学模式,结合启发式教学原则,采用学生探究和教师讲授相结合的方法.

六、教学过程

【引导语】最值问题一直是高中数学的重点内容之一,解决方法(技巧)有多种,今天我们再来学习一种方法(技巧).

(一)典例探究

【例1】 设 a,b 为实数,满足对任意的 $x\in\mathbf{R}$,都有 $a\cos 2x+b\cos x\geqslant-1$,则 $a+b$ 的最大值为_____.

师:大家见过这道题或与之类似的题吗?你当时是怎么解决的?

生:见过,如求函数 $y=\cos 2x+\cos x$ 的值域.通过换元,转化成二次函数在闭区间上的值域问题.

【分析】 迁移已有的解题经验,本题常规的解法是利用二倍角公式,经过换元后转化为二次函数最值问题,然后用规划思想解决.

【解法1】 由 $a\cos 2x+b\cos x\geqslant-1$,得到 $2a\cos^2 x+b\cos x+1-a\geqslant 0$,

令 $t=\cos x\in[-1,1]$,

问题转化为当 $t\in[-1,1]$ 时,$f(t)=2at^2+bt+1-a\geqslant 0$ 恒成立.

当 $a=0$ 时,$f(t)=bt+1$,只需讨论 $\begin{cases}f(1)\geqslant 0,\\ f(-1)\geqslant 0,\end{cases}$ 解得 $-1\leqslant b\leqslant 1$,此时 $a+b$ 的最大值为1.

当 $a>0$ 时,有以下三种情况:

① $\begin{cases}-\dfrac{b}{4a}<-1,\\ f(-1)\geqslant 0,\end{cases}$ ② $\begin{cases}-1\leqslant-\dfrac{b}{4a}\leqslant 1,\\ f\left(-\dfrac{b}{4a}\right)\geqslant 0,\end{cases}$ ③ $\begin{cases}-\dfrac{b}{4a}>1,\\ f(1)\geqslant 0.\end{cases}$

利用规划思想,可以求得 $a+b$ 的最大值为2.但由于新版教材删去了线性规划这块内容,学生无法顺利解答.至此学生陷入"僵局".

设计意图 回忆二次函数最值问题(实根分布),陷入"僵局",激发求知欲望.

师:上述常规解法依据参数的不同取值情况,分别求出函数相应的最值.解题思路自然清晰,符合一般的认知规律,但分类标准常会把握不清,求含参函数的最值易出错,解题过程显得琐碎,不简捷.作为一道填空题,是否有点"小题大做"了呢?

师:你能否改编一下题目,便于我们解决?(你能解决部分问题吗?)

生1(减少一个参数):设 a 为实数,满足对任意的 $x\in\mathbf{R}$,都有 $a\cos 2x+\cos x\geqslant-1$,则 a 的取值范围为_____.(通过分参很容易求得结果)

生2(化为同角):设 a,b 为实数,满足对任意的 $x\in\mathbf{R}$,都有 $a\cos x+b\cos x\geqslant-1$,则 $a+b$ 的取值范围为_____.[$(a+b)\cos x\geqslant-1$,利用 $\cos x$ 的有界性(最值定义)即可求解]

师:这道题我们能否也用定义解决呢?回到定义看看.

师:最大值和最小值的定义告诉我们,一般地,设函数 $y=f(x)$ 的定义域为 I,如果存在实数 M 满足:对于任意的 $x\in I$,都有 $f(x)\leqslant M$,且存在 $x_0\in I$,使得 $f(x_0)=M$,那

么就称 M 是函数 $y=f(x)$ 的最大值(最小值定义类似).利用最值的定义,我们来重新审视例1.

【解法2】 在式子 $a\cos 2x+b\cos x\geqslant -1$ 中令 $x=\dfrac{2\pi}{3}$,可得 $a+b\leqslant 2$.

所以 $a+b$ 的最大值不大于 2.

另一方面,当 $a=\dfrac{2}{3},b=\dfrac{4}{3}$ 时,$a\cos 2x+b\cos x\geqslant -1$ 可化为 $(2\cos x+1)^2\geqslant 0$.

也就是说存在满足条件的 a,b 使得 $a+b=2$,所以 $a+b$ 的最大值为 2.

设计意图 解法2紧扣最值的定义避免了讨论,实现迅速求解的效果.若是填空题,便可直接填写答案,进一步提高解题速度;若是解答题,从推理严密的角度,再对另一方面作完善.利用定义可以快速求解最值问题,让学生体会定义的"威力".

师:你认为利用定义求最值需要注意哪些?

生:取等条件.

【例2】 设 a,b 为实数,满足对任意的 $x\in \mathbf{R}$,都有 $a\cos x+b\cos 3x\leqslant 1$,则 b 的最大值为 _____.

【分析】 通过简单的运算发现,如果利用3倍角公式展开,再分类讨论解题过程将会变得非常复杂,若用定义解题则更简洁.

【解法】 在式子 $a\cos x+b\cos 3x\leqslant 1$ 中令 $x=0$,可得 $a+b\leqslant 1$. ①

令 $x=\dfrac{2\pi}{3}$,可得 $-\dfrac{1}{2}a+b\leqslant 1$. ②

由①和②得 $b\leqslant 1$.当 $a=0,b=1$ 时,$a\cos x+b\cos 3x\leqslant 1$ 显然恒成立,所以 b 的最大值为 1.

师:若在式子 $a\cos x+b\cos 3x\leqslant 1$ 中令 $x=0$,可得 $a+b\leqslant 1$. ③

令 $x=\dfrac{3\pi}{4}$,可得 $-\dfrac{\sqrt{2}}{2}a+\dfrac{\sqrt{2}}{2}b\leqslant 1$. ④

由③和④得 $b\leqslant \dfrac{1+\sqrt{2}}{2}$,那么 b 的最大值为什么不是 $\dfrac{1+\sqrt{2}}{2}$ 呢?

师:实际上最大值的定义包含两层意思:若实数 M 满足 $\begin{cases}\forall x\in I,f(x)\leqslant M,\\ \exists x_0\in I,f(x_0)=M,\end{cases}$ 则 M 为 $y=f(x)$ 的最大值.实际上当 $b=\dfrac{1+\sqrt{2}}{2}$ 时,不存在 a 使得 $a\cos x+b\cos 3x\leqslant 1$ 恒成立,所以 b 的最大值为 $\dfrac{1+\sqrt{2}}{2}$ 是错的,不符合最大值的定义.

设计意图 再次体会利用定义的"威力",但要注意利用定义求解必须要满足:若实数 M 满足 $\begin{cases}\forall x\in I,f(x)\leqslant M,\\ \exists x_0\in I,f(x_0)=M,\end{cases}$ 则 M 为 $y=f(x)$ 的最大值.

师:你得到的结果和应用的方法能用到其他问题上去吗?

【变式】 若函数 $f(x)=x^2+ax+b$ 在区间 $[0,1]$ 上的最大值是 M,最小值是 N,则 $M-N$ ( )

A. 与 a 有关,且与 b 有关 　　　　　B. 与 a 有关,但与 b 无关

C. 与 a 无关,且与 b 无关 　　　　　D. 与 a 无关,但与 b 有关

生:这道题是含参二次函数在闭区间上的最值问题,常规的方法是通过对对称轴的取值范围进行讨论,从而得出结果,这样做显得有些"繁". 若利用最值定义,即存在 x_1,$x_2\in[0,1]$ 使得 $M=f(x_1)=x_1^2+ax_1+b$,$N=f(x_2)=x_2^2+ax_2+b$,所以 $M-N=x_1^2-x_2^2+a(x_1-x_2)$,故选 C.

(二)课堂练习

设 $f(x)=k(x^2-x+1)-x^4(1-x)^4$,如果对任何 $x\in[0,1]$,都有 $f(x)\geqslant 0$,则 k 的最小值为_____.

(三)课堂小结

教师与学生一起回顾本节课所学的主要内容,并请学生回答以下问题:

1. 利用定义求解最值问题的步骤和注意点是什么?

2. 谈谈本节课的收获.

教师引导学生总结:数学学习包含大量的定义,如单调性、奇偶性、等差数列、等比数列、圆锥曲线等. 它们是数学思维活动的基础,揭示了数学对象的本质属性,具有充要性的含义. 利用定义解题常可使解题过程简捷明快,提高解题速度和正确性,避免复杂的讨论,收到意想不到的效果. 我们要有利用定义解题的意识.

七、课后作业

(一)基础性作业

1. 设正实数 x,y,求 $|x-y|+\dfrac{1}{x}+y^2$ 的最小值.

2. 已知二次函数 $f(x)=ax^2+bx+c$,对一切 $x\in[0,1]$ 恒有 $|f(x)|\leqslant 1$.

(1)对所有这样的 $f(x)$,求 $|a|+|b|+|c|$ 可能的取到的最大值.

(2)试给出一个这样的 $f(x)$,使 $|a|+|b|+|c|$ 确实取到上述最大值.

3. 请自编一道利用"定义法"求最值的题目,要求有指数函数、对数函数两个基本初等函数.

(二)反思性作业

4. 根据你对函数最值(值域)的理解,尽可能多地归纳出求函数最值的方法.

设计意图　题1、题2、题3为基础性作业.若采用分类讨论去绝对值,分别求最值,过程相对烦琐;若利用定义则可以快速求得答案.其目的在于检测对"利用定义,巧求最值"这一方法的掌握程度.题3带有一些探究性,让学生在完成作业的过程中交流觅(编)题的途径和解决问题的各种感受,将传统的"被动接受式学习"转化为"主动探索性学习",为学生潜在发展水平创造条件.题4为反思性作业,目的在于以大单元视角进行复习,让学生自己对最值问题的知识要点进行梳理,形成知识网络(知识链).

八、教学反思

本节课旨在加强学生运用定义去分析和解决问题的意识和能力,即利用最值的定义求一类函数的最值.整堂课以求最值问题为线索展开,体现了教学要回归课本,重视基础,提升逻辑推理.

由于学生对利用定义的方法不深入熟练,因此教学中笔者从直观性和新旧知识的矛盾冲突中激发学生的探究热情,通过例题让学生体会一切复杂源于简单.整节课充分调动学生的学习积极性,让学生能够主动愉快地学习,始终贯彻以"教师为主导、学生为主体、探究为主线、思维为核心"的数学教学思想.另外,本节课充分利用学生已有的知识体验和解题经验,遵循学生认知的心理规律,努力实现课程改革中"以学生的发展为本"的基本理念.

平面向量的多视角探究

天台中学　许丰伟

一、教学内容

本节课为高三一轮复习课,内容涉及人教 A 版普通高中数学教科书(必修·第二册)第六章《平面向量及其应用》.向量问题是高考试卷中的"常客",更是历年高考众多试题中的"亮点".平面向量兼具"形"与"数"的特点,是沟通代数、几何与三角函数的有力工具,题型常常小巧灵活,解法多样,且独具魅力.利用多种视角探究平面向量,有助于学生更好地厘清相关内容.

二、教学目标

1.能够对例题及其变式进行分析,理解并掌握三种解决向量问题的常用途径.

2.能够对给定的问题进行思考探索、观察研究,进一步掌握问题所涉及的知识理论,最终提升和发展数学核心.

三、学情分析

学生对于平面向量内容已经具有较为扎实的基本功,但存在"重题海轻梳理,总说自己没思路"这种现象.本节课重在通过师生共同探究平面向量问题"解决途径"和适当"变式",实现方法提炼和能力提升.

四、教学重难点

1.教学重点:平面向量问题解决途径的探究与梳理,在母题基础上的变式探究.

2.教学难点:数与形之间的转化,变式探究.

五、教学策略

师生共同探究,变式拓展训练.

六、教学过程

(一)考题再现,引入课题

教师通过 PPT 展现近五年数学高考试卷中的关于平面向量的试题,点明平面向量问题是高考的热点,也是难点.

(二)多视角探究

【例】(2018·浙江)已知 a,b,e 是平面向量,e 是单位向量,若非零向量 a 与 e 的夹角为 $\dfrac{\pi}{3}$,向量 b 满足 $b^2-4e\cdot b+3=0$,则 $|a-b|$ 的最小值是 ( )

A. $\sqrt{3}-1$　　　　B. $\sqrt{3}+1$　　　　C. 2　　　　D. $2-\sqrt{3}$

【问题串】师生共同探究以下问题:

①题目中共有几个条件?②你打算从哪个条件着手?③这个条件的主要特征是什么?④二次方程的因式分解和配方法,这里仍然适用吗?⑤如何理解这个向量方程?⑥如何体现几何关系?⑦$|a-b|$ 有几何意义吗?⑧如何求出 $|a-b|$ 的最小值?⑨二次方程的配方法此处有用吗?⑩这题你能从"数"的角度着手吗?

本题难点在于求出 b 的终点的轨迹,对此有如下 3 种思路.

【思路 1】由 $b^2-4e\cdot b+3=0$,得 $b^2-4e\cdot b+3e^2=0$,故 $(b-e)(b-3e)=0$,设 $\overrightarrow{OB}=b,\overrightarrow{OE}=e,\overrightarrow{OF}=3e$,∴ $(\overrightarrow{OB}-\overrightarrow{OE})(\overrightarrow{OB}-\overrightarrow{OF})=0$,即 $\overrightarrow{EB}\cdot\overrightarrow{FB}=0$,所以 $\overrightarrow{EB}\perp\overrightarrow{FB}$,故点 B 在以 EF 为直径的圆上.

【思路 2】由 $b^2-4e\cdot b+3=0$,得 $(b-2e)^2=1$,故 $|b-2e|=1$,把向量 a,b,e 的起点设为公共点 O,则 b 的终点在以 C 为圆心,半径为 1 的圆上,如图 1 所示.

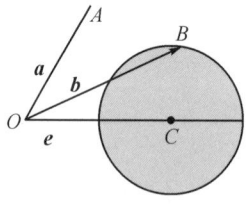

图 1

【思路 3】在直角坐标系中,设 $E(1,0),B(x,y)$,则可得 $(x-2)^2+y^2=1$,故点 B 的轨迹是以 $(2,0)$ 为圆心,半径为 1 的圆.

设计意图　(1)2018 年浙江省数学高考试卷第 9 题,背景简单,交汇合理,立意新颖,思想丰富,特别是巧妙设置有"静"与"动"、"定值"与"最值"等矛盾的统一体,使问题更有品位,并具有较好的学习、观摩、研究、拓展等价值.

(2)通过设问引导,师生共同探究,在探究过程中发现并理解平面向量问题的三类常用解法.

(三)解决途径梳理

1."形"的角度:①图形法.②基底法.

2."数"的角度:①坐标法(解析法).②三角不等式法.

3."数形"结合的角度(双管齐下效率高).

(四)拓展与变式

变式1:增加条件$|a|=2$,其他不变.

变式2:增加条件$|a|=2$,求$|a-b|$的最大值.

变式3:增加条件$|a|=2$,求$|a-b|$的取值范围.

变式4:条件不变,求$\langle a,b \rangle$的取值范围.

变式5:增加条件$|a|=2$,求$a \cdot b$的取值范围.

变式6:若其中一个条件变为$b^2-4e \cdot b+3 \leqslant 0$,以上变式还成立吗?

设计意图 (1)在教师的引导下,通过改变数学问题的条件和结论,交换条件和结论或者增加延伸问题的条件,加深结论,其目的就是从多角度去揭示问题的本质.

(2)通过变题,最大限度地覆盖知识点,借助一个训练思维的平台,实现"以点带线,以线带面"的目标.

(五)课堂小结

教师请一位同学谈谈这节课的收获.

预设答案:知晓了解决向量问题的三种途径,学会了如何对原题进行变式.

设计意图 通过教师设问,学生回答,师生再次回顾了本节课的重点,也意在锻炼和提高学生的口头表达能力和概括能力,以期与其他学生产生共鸣.

七、课后作业

(一)基础性作业

1.如图2所示,在$\triangle PAB$中,$PA=2$,$PB=1$,在$\triangle PAB$所在的平面内,以AB为边向三角形所在平面外作正方形$ABCD$,则$\overrightarrow{PC} \cdot \overrightarrow{PD}$的取值范围是_____.

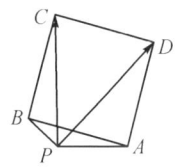

图2

要求:①请你从解决向量问题的三种途径分别求解.②请对原题进行适当的变式,至少三种.③完成作业后,同学之间互相交换批改.

(二)反思性作业

2.能否再增加一些元素,如跟解三角形相关,也可将题目放入空间几何体中,类比平面与空间.

设计意图 (1)及时复习与巩固所学方法,解决问题.(2)具有开放性的变式,让学生的思维更加广阔.(3)同学之间互相批改,意在检验变式的正确性,也为学生之间互相学习提供了机会.

八、教学反思

本节课旨在运用已有知识解决平面向量问题.通过对一道例题的分析解决,进而变式拓展,学生逐渐理解并掌握三种常用的向量问题的解决途径;在进行思考探索、观察研究过程中,进一步掌握了问题所涉及的知识理论,最终提升和发展数学能力.

在上课过程中,学生思考、讨论不足等问题还比较明显,内容掌握程度个体差异较大,这些都是教师在以后教学过程中需要不断改进、不断提升的地方.

立体几何空间角——线面角

温岭市第二中学　钟迎军

一、教学内容

本节课为一节章节复习课,内容取自人教 A 版普通高中数学教科书(必修·第二册)第八章《立体几何初步》.直线与平面所成的角是立体几何教学的重要内容之一,也是高考、学考的热点.直线与平面所成的角涉及的知识点多,综合性强,解决方法多,考查学生分析问题和解决问题的能力.选择合适的方法是解决问题的关键.本节课主要讨论运用模型思想和翻折思想求解直线与平面所成的角.

二、教学目标

1. 通过学习和梳理有关线面角,进一步理解直线和平面所成角的概念.
2. 通过对鳖臑模型的认识、论证及应用,体会立体几何内容中有关几何学习方法的一些基本思路.
3. 学会从翻折的视角解读几何图形,将空间几何问题转化为平面几何问题.
4. 在具体问题中根据直线与平面所成角的定义或平移转化法、等体积转化法、翻折转化法,找到所求角并能解出该角.
5. 熟悉基本模型(鳖臑模型),将其运用到具体情境中,求得直线和平面所成的角.
6. 体会翻折在研究立体几何时的重要性,体会求空间角的一般思路与方法.

三、学情分析

本节课的授课对象是高一学生.他们已经具备了解决立体几何问题的必要知识,也具有一定的分析问题和解决问题的能力.但在解题过程中,他们有时很难找到垂足.这一过程难免会涉及线线垂直、线面垂直、面面垂直间的转化,以及解三角形中的三边问题等.学生在寻找线面角的过程中往往毫无头绪,无从下手,缺少应有的逻辑推理能力和空间想象能力.

四、教学重难点

1. 教学重点:直线与平面所成角的求解策略.

2.教学难点:从翻折的角度解读几何图形,寻求直线与平面所成的角.

五、教学策略

本节课将通过"问题—反思—问题—再反思"的教学模式,借用启发式教学原则,并采用学生探究和教师讲授相结合的方法进行教学.

六、教学过程

(一)复习空间角的基本概念

【引导语】如何作出直线与直线所成角、直线与平面所成角、二面角?它们的范围是什么?求空间角问题,本质上是求什么的问题?

设计意图　引导学生回顾空间角的定义及作法;回忆定义,为用定义法求直线与平面所成的角做必要的铺垫.

(二)通过数学文化,引出课题

教师通过PPT展示我国古代经典《九章算术·商功》里的话:"斜解立方,得两堑堵.一为阳马,一为鳖臑.阳马居二,鳖臑居一,不易之率也."

师:堑堵,就是我们常说的直三棱柱(底面是直角三角形);阳马,即底面为矩形且有一条侧棱和底面垂直的四棱锥;鳖臑,即四个面都是直角三角形的四面体(三棱锥).

教师展示教科书(必修·第二册)中出现的鳖臑模型,如图1出自第158页例8,图2出自第159页的练习第3题,图3出自第161页例10,图4出自第171页综合运用第13题.

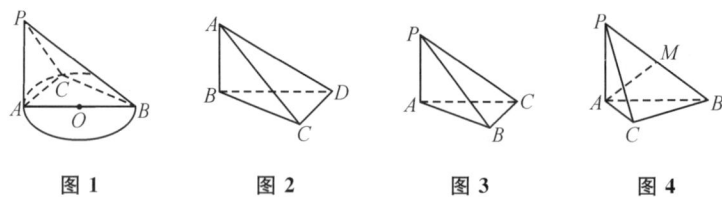

图1　　　图2　　　图3　　　图4

设计意图　引出研究空间角的模型,并点明模型藏在教科书中,为高考题来源于课本,又高于课本服务.

(三)探究线面角的求解策略

【例】如图5,在直角$\triangle ABC$中,AD为斜边BC上的高,$AB=3$,$AC=4$.现将$\triangle ABD$沿AD翻折成$\triangle AB_1D$(如图6),使得四面体$A-B_1CD$为一个鳖臑,则直线B_1D与平面ADC所成角的余弦值是_____.

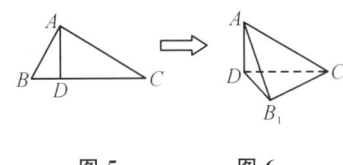

图5　　　图6

师：比较翻折前与翻折后，你得到了怎样的线线、线面、面面位置关系？

设计意图　从线线垂直到线面垂直，再到面面垂直，让学生通过定义作出线面角，在计算中，体会翻折前后的变与不变，养成将空间问题平面化的能力．

教师板书求线面角的方法：定义法、等体积法、翻折法．

【**变式1**】如图7，三棱台 $DEF-ABC$ 中，面 $ADFC \perp$ 面 ABC，$\angle ACB = \angle ACD = 45°$，$DC = 2BC$．

(1)证明：$EF \perp DB$．

(2)求 DF 与面 DBC 所成角的正弦值．

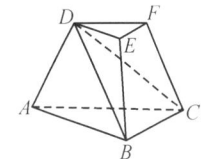

图7

师：我们重点讨论第(2)题，若用定义求解，必然会涉及 DF 的长度，而关于 DF，我们没有任何信息，因此需要转化 DF，该如何转化？

生1：能将模型进一步化归为鳖臑、堑堵、阳马中的一个吗？

生2：能将模型还原成平面图形来研究吗？

设计意图　通过师生合作，将 DF 与面 DBC 所成角转化为 HC 与面 DBC 所成角，将模型简化为图8(平面图形)、图9．帮助学生进一步巩固定义法、等体积法，培养学生简化模型的能力，以及将空间问题转化为平面几何问题处理的能力．

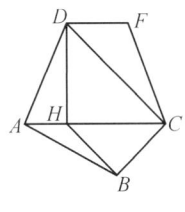　　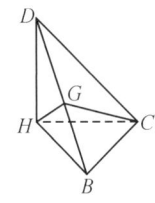

图8　　　　　图9

【**变式2**】如图10，已知四棱锥 $P-ABCD$，$\triangle PAD$ 是以 AD 为斜边的等腰直角三角形，$BC \parallel AD$，$CD \perp AD$，$PC = AD = 2DC = 2CB$，E 为 PD 的中点．

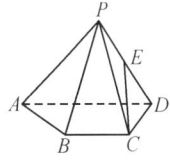

图10

(1)证明：$CE \parallel$ 平面 PAB．

(2)求直线 CE 与平面 PBC 所成角的正弦值．

师：直线 CE 与平面 PBC 所成角容易找吗？

生：不好找．

师：又该如何转化呢？能将模型还原成平面图形来研究吗？

生：可以转化成如图11所示的平面图形．

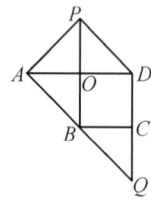

图 11

设计意图 引导学生通过平行四边形、三角形中位线、面面平行进行转化,巩固求解线面角的方法,让学生在运用不同的方法求解过程中提高思维的灵活性.

(四)课堂练习

如图 12,在四棱锥 $P-ABCD$ 中,$AB/\!/CD$,$AB \perp AD$,$BC=CD=2AB=2$,$\triangle PAD$ 是等边三角形,M,N 分别为 BC,PD 的中点.

(1)求证:$MN/\!/$ 平面 PAB.

(2)若二面角 $P-AD-C$ 的大小为 $\dfrac{\pi}{3}$,求直线 MN 与平面 PAD 所成角的正切值.

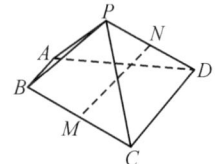

图 12

(五)课堂小结

教师与学生一起回顾本节课所学的主要内容,并请学生回答以下问题:

(1)求线面角的常用方法有哪些?
(2)本节课用到了哪些思想方法?
(3)本节课用到了什么模型?

设计意图 通过小结,梳理本节课所学内容和研究方法,把握本节课的核心,即利用定义法、等体积法、翻折法求解线面角.

七、课后作业

(一)基础性作业

1. 在长方体 $ABCD-A_1B_1C_1D_1$ 中,已知 $AB=BC=2$,$AA_1=3$,求直线 AB_1 与平面 ACC_1A_1 所成角的正弦值.

2. 在四棱锥 $P-ABCD$ 中,底面 $ABCD$ 是平行四边形,$\angle ABC=120°$,$AB=1$,$BC=4$,$PA=\sqrt{15}$,M,N 分别为 BC,PC 的中点,$PD \perp DC$,$PM \perp MD$,求直线 AN 与平面 PDM 所成角的正弦值.

(二)反思性作业

3.请自编或根据高考题改编一道求直线与平面所成角的题目.

4.请你根据你对直线与平面所成角的理解,总结求直线与平面所成角的不同方法(可查阅相关资料).

设计意图 题1、题2为基础性作业,让学生巩固所学知识,学会求直线与平面所成角的基本方法.题3让学生在掌握基本知识的前提下,学会交流与探究,形成主动探究的意识,发展科学探索精神.题4从大单元教学的视角进行学习探究,让学生对求直线与平面所成角的方法进行全面梳理,形成新的知识网络(与已有的知识进行整合),理解数学的本质与内涵.

八、教学反思

本节课围绕基本模型开展立体几何求线面角问题,有利于学生把握问题的关键,容易理解基本概念和数学的本质.利用翻折思想寻找线面垂直,能有效地把空间问题平面化.本节课通过教材与高考(学考)真题相结合的方式,体现了教学要回归课本,重视基础,有效提升学生的逻辑推理、数学运算等核心数学素养.

第四辑 习题课

三棱锥的外接球

天台中学　许丰伟

一、教学内容

三棱锥是一个非常典型的几何体,它可以看作是由二维平面图形翻折而成.依托于三棱锥,学生可以认识三维空间几何形态.然而翻折的程度不一样,形成的三棱锥也不一样,比如直棱锥、斜棱锥.三棱锥的结构特征包含三个方面:底面的形状、顶点到底面的距离、顶点在底面的投影位置.同样是三棱锥,同样是三维空间几何体,如何区别理解其结构特征?而三棱锥在其外接球中,其底面可看作球之截面,其顶点相当于在球面上运动.本节课借助三棱锥的外接球,引导学生更深入地理解三棱锥的几何结构特征,比如墙角模型与鳖臑模型,正三棱锥与两面垂直的三棱锥等.

二、教学目标

1. 通过图形认识理解三棱锥与其外接球的位置关系.
2. 运用模型认识理解三棱锥及其外接球的几何结构特征,并解决相关问题.

三、学情分析

本次授课的对象为高三学生.学生已经复习了空间中简单几何体的图形结构特征,表面积以及体积等相关性质,对空间几何形态有一定的认识,但是对空间几何体与球相结合的认识与理解还有待提升,对空间几何结构的特征还需要进一步掌握.

在教学过程中学生可能会遇到的问题:运用正弦定理求三角形外接圆的圆心,三棱锥外接球球心的定位,外接球半径的求解,作图通过图象直观理解几何体在其外接球中的位置,模型的认识与运用等.

四、教学重难点

1. 教学重点:认识理解三棱锥与其外接球的位置关系及相关几何结构特征.
2. 教学难点:借助模型来定位球心,解决三棱锥及其外接球的相关问题.

五、教学策略

教师通过提问、追问等驱动学生思考，建立模型，分析解决问题；通过强化训练突破高考难题.

六、教学过程

(一)知识预备

教师布置课前任务，设置问题，引导学生回顾三角形外接圆的半径、球的半径、球的性质、球心定位等知识以备用.

【课前问题】

1. 平面 α 截球 O 的球面所得圆的半径为 1，球心 O 到平面 α 的距离为 $\sqrt{2}$，则此球的体积为 （   ）

A. $\sqrt{6}\pi$ B. $4\sqrt{3}\pi$ C. $4\sqrt{6}\pi$ D. $6\sqrt{3}\pi$

2. 已知 H 是球 O 的直径 AB 上一点，$AH:HB=1:2$，$AB\perp$ 平面 α，H 为垂足，α 截球 O 所得截面的面积为 π，则球 O 的表面积为 _____.

3. 已知 $\triangle ABC$ 是面积为 $\dfrac{9\sqrt{3}}{4}$ 的等边三角形，且其顶点都在球 O 的球面上.若球 O 的表面积为 16π，则点 O 到平面 ABC 的距离为 （   ）

A. $\sqrt{3}$ B. $\dfrac{3}{2}$ C. 1 D. $\dfrac{\sqrt{3}}{2}$

4. 已知 A,B,C 为球 O 的球面上的三个点，$\odot O_1$ 为 $\triangle ABC$ 的外接圆.若 $\odot O_1$ 的面积为 4π，$AB=BC=AC=OO_1$，则球 O 的表面积为 （   ）

A. 64π B. 48π C. 36π D. 32π

【追问】 (1)上述题组中条件的呈现以及问题的设置有何共同点？它们是基于何种模型命题的？(2)解决问题的关键是什么？(3)你解决上述问题的策略是什么？

教师提问，引导学生归纳出题组中几何体的共同点，并提炼解决该类问题的方法.

设计意图　类比圆的性质，得出球的有关性质，体现了类比的思想；通过位置关系、度量关系，强化对球截面的认识.这些预备知识可以为后面学习三棱锥与其外接球的位置关系，三棱锥及其外接球的几何结构特征做铺垫.

(二)模型储备

【类型1】

1. 一个正方体的顶点都在球面上，它的棱长是 a(cm)，求球的体积.

2. 若棱长为 $2\sqrt{3}$ 的正方体的顶点都在同一球面上,则该球的表面积为 (　　)

A. 12π　　　　B. 24π　　　　C. 36π　　　　D. 144π

3. 已知体积为 8 的正方体的顶点都在同一球面上,则该球的表面积为 (　　)

A. 12π　　　　B. $\dfrac{32}{3}\pi$　　　　C. 8π　　　　D. 4π

4. 某一长方体的长、宽、高分别为 3,2,1,其顶点都在球 O 的球面上,则球 O 的表面积为 _____.

【追问】 (1)上述题组中所给出的几何体具有什么特征? (2)上述题组中几何体外接球的球心在什么位置? 如何求外接球的半径? (3)你解决上述问题的策略是什么?

教师挑选教材以及高考题中有关长方体(正方体)外接球的题目,引导学生对比归纳题组中几何体的结构特征.

设计意图　立足教材,依托高考题,通过题组练习引导学生重新认识熟悉的长方体(正方体)的外接球,为后面模型的学习打下基础.

【类型 2】

1. 已知三棱锥 $P-ABC$ 的四个顶点在球 O 的球面上,$PA=PB=PC$,$\triangle ABC$ 是边长为 2 的正三角形,E,F 分别是 PA,AB 的中点,$\angle CEF=90°$,则球 O 的体积为 (　　)

A. $8\sqrt{6}\pi$　　　　B. $4\sqrt{6}\pi$　　　　C. $2\sqrt{6}\pi$　　　　D. $\sqrt{6}\pi$

2. 词语"堑堵""阳马""鳖臑"等出自中国数学名著《九章算术·商功》,是古代人对一些特殊锥体的称呼. 在《九章算术·商功》中,把四个面都是直角三角形的四面体称为"鳖臑",现有如图所示的"鳖臑"四面体 $P-ABC$,其中 $PA\perp$ 平面 ABC,$PA=AC=1$,$BC=\sqrt{2}$,则四面体 $P-ABC$ 的外接球的表面积为 _____.

3. 已知一个四面体的所有棱长都为 $\sqrt{2}$,四个顶点在同一球面上,则这个球的表面积为 (　　)

A. 3π　　　　B. 4π　　　　C. $3\sqrt{3}\pi$　　　　D. 6π

4. 已知 A,B,C,D 四点在半径为 $\dfrac{5\sqrt{2}}{2}$ 的球面上,且 $AC=BD=5$,$AD=BC=\sqrt{41}$,$AB=CD$,则三棱锥 $D-ABC$ 的体积为 _____.

【追问】 (1)上述题组中的几何体有何特征? 与类型 1 题组中的几何体有何关联? (2)你是如何定位外接球的球心的? (3)你解决上述问题的策略是什么?

学生作图,并挖掘图形所具有的特殊结构特征,尝试在长方体中找出本题组中的几何体.

设计意图 以四个完全不一样却又有着相似之处的四面体——墙角模型、鳖臑模型、正四面体、等腰四面体为载体,通过题组中四面体的结构对比,挖掘其共性,加深学生对几何图形结构特征的认识.

【类型 3】

1. 设 A,B,C,D 是同一个半径为 4 的球的球面上四点,$\triangle ABC$ 为等边三角形且其面积为 $9\sqrt{3}$,则三棱锥 $D-ABC$ 体积的最大值为 ( )

A. $12\sqrt{3}$　　　　B. $18\sqrt{3}$　　　　C. $24\sqrt{3}$　　　　D. $54\sqrt{3}$

2. 已知矩形 $ABCD$,其中 $AB=1,BC=\sqrt{3}$,将 $\triangle ADC$ 沿对角线 AC 进行翻折,得到三棱锥 $D-ABC$,则三棱锥 $D-ABC$ 的外接球体积为_____.

3. 已知三棱锥 $P-ABC$ 中,侧面 $PAC\perp$ 底面 ABC,$\angle BAC=90°$,$AB=AC=4$,$PA=\sqrt{10}$,$PC=\sqrt{2}$,则三棱锥 $P-ABC$ 的外接球的表面积为 ( )

A. 24π　　　　B. 28π　　　　C. 32π　　　　D. 36π

【追问】(1)上述题组中所给的几何体具有什么特征？是基于何种几何模型变化延伸而来的？(2)上述几何体的外接球的球心在什么位置？你是如何定位球心的？(3)你解决上述问题的策略是什么？

教师要求学生作图,尝试在长方体中找出几何体;引导学生如何定位球心,找到解决问题的途径.

设计意图 以正三棱锥、两直角三角形共斜边三棱锥、垂面三棱锥为载体,引导学生通过变化过程并结合底面过外接圆圆心的垂线必经过球心来定位球心.

(三)模型运用

1. 已知矩形 $ABCD$,$AB=1$,$AD=\sqrt{2}$,E 为 AD 的中点,现分别沿 BE,CE 将 $\triangle ABE,\triangle DCE$ 翻折,使点 A,D 重合,记为点 P,则几何体 $P-BCE$ 的外接球表面积为 ( )

A. 10π　　　　B. 5π　　　　C. $\dfrac{5\pi}{2}$　　　　D. $\dfrac{5\sqrt{5}\pi}{12}$

2. 已知三棱锥 $S-ABC$ 的所有顶点都在球 O 的球面上,SC 是球 O 的直径.若平面 $SCA\perp$ 平面 SCB,$SA=AC$,$SB=BC$,三棱锥 $S-ABC$ 的体积为 9,则球 O 的表面积为_____.

教师精选高考题及模拟题,要求学生直观想象几何图形,认识理解几何结构特征,再运用模型解决问题.

七、课后作业

(一)基础性作业

1. 已知 A,B,C 为球 O 的球面上的三个点,圆 O_1 为 $\triangle ABC$ 的外接圆,若圆 O_1 的面积为 4π,$AB=BC=AC=OO_1$,则球 O 的表面积为 （　　）

A. 64π B. 48π C. 36π D. 32π

(二)反思性作业

2. 能否根据此类外接球,推广到其他几何结构,如正四棱锥？另外,内切球问题又该如何处理呢？

八、教学反思

本节课旨在引导学生认识和理解三棱锥及其外接球的几何结构特征,通过设计知识预备、模型储备、模型运用三个环节来解决此类问题.

本节课的学习与立体几何单元学习有紧密联系,部分学生因没掌握立体几何基本定理及基本性质,从而缺乏空间想象能力,以至于畏惧本节课内容. 在今后教学中,教师要给学生足够的时间,让他们充分领悟,这也是本节课最大的不足.

含参绝对值函数问题

台州市永宁中学　戴　盈

一、教学内容

含参绝对值函数问题是高中数学的重难点内容之一,也是数学学业水平考试的热点.试题考查形式主要为求函数的最值或探究取得最值时相关参数的取值问题.这类问题形式新颖、综合性强、思维难度大,要求学生具备较高的分析问题和解决问题的能力.本节课探索、归纳解决含参绝对值函数问题的一般方法,为同学们的备考提供思路.

二、教学目标

1. 在经历问题的解决过程中得到解决含参绝对值函数的一般方法,体验通法、巧法等解题策略的选择,能利用所学知识求解含参绝对值函数问题.

2. 在经历化归的过程中,尝试挖掘含参绝对值函数问题的本质,找到这类问题与基本知识之间的联系,掌握数学转化与化归思想方法.

3. 通过比较解题方法、反思解题过程,初步感受反思性学习思维方式,提高反思性数学学习能力.

三、学情分析

本节课为高二学考函数综合习题课,授课对象是高二学生.学生基本学完高中数学内容,正在进行学业水平考试复习,已初步构建知识网络,具备较好的数学运算和逻辑推理能力,掌握了一定的方法技巧,但仍有不少学生对该类问题一知半解.

四、教学重难点

1. 教学重点:能够通过分类讨论、数形结合等方法解决含参绝对值函数问题,归纳解决此类问题的一般方法.

2. 教学难点:如何引导学生选择最佳的解题策略.

五、教学策略

本节将通过"问题—思考—反思—问题—再思考—再反思"的教学模式,结合启发探究式教学原则,采用学生探究和教师讲授相结合的方法,引导学生对问题解决的方法进行归纳和反思.

六、教学过程

(一)复习旧知,强化概念

【问题1】 学考复习中,我们遇到了许多含有绝对值的问题,什么是绝对值? $|x|$ 的意义是什么?

生1:一个数的绝对值必大于或等于0.

生2:$|x|$ 的代数意义,即 $|x|=\begin{cases}x,x\geq 0,\\-x,x<0.\end{cases}$ $|x|$ 的几何意义,即数轴上表示数 x 的点与原点的距离.

师:$|x-a|$ 的几何意义是什么?

生:数轴上表示数 x 的点与表示数 a 的点之间的距离.

师:函数是学考的重要内容,当函数遇上绝对值和参数,会演绎出怎样的精彩呢?

设计意图 通过复习绝对值的基本意义,理解解决绝对值问题的基本方法是分类讨论或利用绝对值的几何意义.

(二)自主探究,把握本质

【问题2】 函数 $f(x)=|x+1|+|x-2|$ 的最小值为_____.

生:3.

师:你是如何得到答案的?

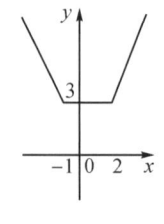

图1

生:分类讨论去绝对值,得 $f(x)=\begin{cases}-2x+1,x<-1,\\3,-1\leq x\leq 2,\\2x-1,x>2.\end{cases}$ 根据函数的图象(如图1),可知 $f(x)$ 的最小值为3.

师:$|x+1|+|x-2|$ 的几何意义是什么?

生:$|x+1|+|x-2|$ 的几何意义是数轴上表示数 x 的点与表示数 $-1,2$ 的点的距离之和.当 $-1\leq x\leq 2$ 时,距离之和为3,当 $x<-1$ 或 $x>2$ 时,距离之和大于3,所以 $f(x)$ 的最小值为3.

生:因为 $|x+1|+|x-2|\geq|(x+1)-(x-2)|$,所以 $|x+1|+|x-2|\geq 3$,当且仅当 $(x+1)(x-2)\leq 0$,即当 $-1\leq x\leq 2$ 时,函数取得最小值3.

师:你能总结出解决含绝对值函数最值问题的方法吗?

生:分类讨论去绝对值法(零点分段法)、绝对值几何意义法和绝对值三角不等式法

($||a|-|b||\leqslant|a\pm b|\leqslant|a|+|b|$).

师：关于绝对值三角不等式$||a|-|b||\leqslant|a\pm b|\leqslant|a|+|b|$，何时取等号？

生1：对于$||a|-|b||\leqslant|a+b|\leqslant|a|+|b|$，第一个等号，当且仅当$ab\leqslant 0$时成立；第二个等号，当且仅当$ab\geqslant 0$时成立.

生2：对于$||a|-|b||\leqslant|a-b|\leqslant|a|+|b|$，第一个等号，当$ab\geqslant 0$时成立；第二个等号，当$ab\leqslant 0$时成立.

设计意图　通过研究含绝对值的函数问题，总结反思解决此类问题的主要方法，明确绝对值三角不等式等号成立的条件.

【**问题3**】已知函数$f(x)=|x^2-2x-a|+a$，若$f(x)\leqslant 4$在$x\in[0,3]$上恒成立，则实数a的取值范围为_____.

生1：可以通过分类讨论去绝对值，当$x^2-2x-a\geqslant 0$时，$f(x)=x^2-2x$，当$x\in[0,3]$时，$f(x)\leqslant 4$成立，此时$a\leqslant(x^2-2x)_{\min}$，即$a\leqslant -1$；当$x^2-2x-a<0$时，$f(x)=-(x-1)^2+2a+1$，当$x\in[0,3]$，$f(x)_{\max}=2a+1$，由$2a+1\leqslant 4$得$a\leqslant\dfrac{3}{2}$. 综上，$a\leqslant\dfrac{3}{2}$.

生2：这是一道填空题，分类讨论过程复杂，可以用图象法避免讨论，$f(x)=|x^2-2x-a|+a$是一个"W形函数"（如图2），对称轴为直线$x=1$，$x\in[0,3]$，当$x=1$或$x=3$时有最大值，即$\begin{cases}f(1)\leqslant 4,\\ f(3)\leqslant 4,\end{cases}$得$a\leqslant\dfrac{3}{2}$.

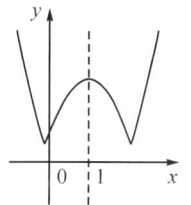

图2

师：能用绝对值的几何意义解决吗？

生：将$|x^2-2x-a|$看成数轴上两点之间的距离.

师：哪两点？

生：令$t=x^2-2x$，$t\in[-1,3]$，即原式为$|t-a|$，可看成数轴上表示数t,a的两点之间的距离. 由$t\in[-1,3]$可判断$a=1$是临界点，因此当$a\leqslant 1$时，$g(t)_{\max}=g(3)=|3-a|+a\leqslant 4$，恒成立；当$a>1$时，$g(t)_{\max}=g(-1)=|-1-a|+a\leqslant 4$，即$2a+1\leqslant 4$，即$a\leqslant\dfrac{3}{2}$. 综上，$a\leqslant\dfrac{3}{2}$.

师：说得真好，请大家谈谈你们对这些解法的感受.

生：图象法直观形象，避免讨论，计算简单能迅速求解. 利用绝对值的几何意义，口算就能得到答案，太神奇了. 绝对值的几何意义的作用巨大啊！

设计意图　进一步体会含绝对值函数问题的解决方法，体会绝对值几何意义的作用.

(三)学以致用，感悟思想

【**问题4**】（2020·浙江学考）（改编）设$a\in\mathbf{R}$，已知函数$f(x)=|x^2-a|+|a^2-x|$，$x\in[-1,1]$.

(1) 当 $a \leqslant 0$ 时,证明:$f(x) \leqslant a^2 - a + 2$.

(2) 若 $f(x) \leqslant 4$ 恒成立,求实数 a 的取值范围.

生:关于第(1)问,根据 $a \leqslant 0$,可以去掉 $|x^2 - a|$ 的绝对值符号,再分类讨论去掉第二个绝对值符号,求 $f(x)$ 的最大值,即当 $a \leqslant 0$ 时,$f(x) = x^2 - a + |a^2 - x| = \begin{cases} x^2 + x - a - a^2 (x \geqslant a^2), \\ x^2 - x + a^2 - a (x < a^2). \end{cases}$ $f(x)_{\max} = \max\{f(-1), f(1)\} = \max\{a^2 - a + 2, -a^2 - a + 2\} = a^2 - a + 2$,即 $f(x) \leqslant a^2 - a + 2$.

师:利用函数的性质求最值,表达规范,很好.大家还有其他想法吗?

生:因为 $x \in [-1, 1]$,$x^2 - a + |a^2 - x| \leqslant x^2 - a + |a^2| + |x| \leqslant a^2 - a + 2$.

师:利用绝对值三角不等式,结合变量的范围,简洁有力!

师:大家如何看第(2)问?

生:模仿问题 3 的解决方法.原题等价于 $f(x)_{\max} \leqslant 4$.记 $f(x)$ 的最大值为 M,当 $a \leqslant 0$ 时,$f(x) \leqslant a^2 - a + 2$,且 $f(x)_{\max} = f(-1) = a^2 - a + 2$,因此 $a^2 - a + 2 \leqslant 4$,得 $-1 \leqslant a \leqslant 0$.当 $a > 0$ 时,分类讨论很复杂,求最值也很复杂……

师:我进行了分类讨论,一起来看.当 $0 < a \leqslant 1$ 时,$f(x) = \begin{cases} x^2 - x + a^2 - a, -1 \leqslant x < -\sqrt{a}, \\ -x^2 - x + a^2 + a, -\sqrt{a} \leqslant x < a^2, \\ -x^2 + x + a - a^2, a^2 \leqslant x < \sqrt{a}, \\ x^2 + x - a - a^2, \sqrt{a} \leqslant x \leqslant 1. \end{cases}$

当 $-1 \leqslant x < -\sqrt{a}$ 时,$f(x) \leqslant f(-1) = a^2 - a + 2$. 当 $-\sqrt{a} \leqslant x < a^2$,$0 < a \leqslant \frac{1}{4}$ 时,$f(x) \leqslant f(-\sqrt{a}) = a^2 + \sqrt{a}$;当 $\frac{1}{4} < a \leqslant 1$ 时,$f(x) \leqslant f\left(-\frac{1}{2}\right) = a^2 + a + \frac{1}{4}$. 当 $a^2 \leqslant x < \sqrt{a}$,$0 < a \leqslant \frac{1}{4}$ 时,$f(x) \leqslant f(\sqrt{a}) = -a^2 + \sqrt{a}$;当 $\frac{1}{4} < a \leqslant \frac{\sqrt{2}}{2}$ 时,$f(x) \leqslant f\left(\frac{1}{2}\right) = -a^2 + a + \frac{1}{4}$;当 $\frac{\sqrt{2}}{2} < a \leqslant 1$ 时,$f(x) \leqslant f(a^2) = -a^4 + a$. 当 $\sqrt{a} \leqslant x \leqslant 1$ 时,$f(x) \leqslant f(1) = -a^2 - a + 2$.

而当 $a > 1$ 时,$f(x) = a - x^2 + a^2 - x = a^2 + a - (x^2 + x) \leqslant a^2 + a + \frac{1}{4}$,

综上,$M = \begin{cases} a^2 - a + 2 \left(a \leqslant \frac{7}{8}\right), \\ a^2 + a + \frac{1}{4} \left(a > \frac{7}{8}\right). \end{cases}$ 由 $M \leqslant 4$,得 $-1 \leqslant a \leqslant \frac{3}{2}$.

生:在考场上来不及做!

师:那么在考试时间有限的背景下,你有更好的方法吗?

生:题中有两个绝对值,要求 $f(x)$ 的最大值,我想到绝对值恒等式 $|a| + |b| = \max\{|a+b|, |a-b|\}$,$||a| - |b|| = \min\{|a+b|, |a-b|\}$.$f(x) = |x^2 - a| + |a^2 - x|$

$=\max\{|x^2-a+a^2-x|,|x^2-a-a^2+x|\}.$

生：是的，这样一来，原式等价于 $\begin{cases}|x^2-a+a^2-x|\leqslant 4,\\|x^2-a-a^2+x|\leqslant 4\end{cases}$ 恒成立，

即 $\begin{cases}-4-x^2+x\leqslant a^2-a\leqslant 4-x^2+x,\\-4+x^2+x\leqslant a^2+a\leqslant 4+x^2+x\end{cases}$ 恒成立，

即 $\begin{cases}(-4-x^2+x)_{\max}\leqslant a^2-a\leqslant(4-x^2+x)_{\min},\\(-4+x^2+x)_{\max}\leqslant a^2+a\leqslant(4+x^2+x)_{\min}\end{cases}$ 得 $-1\leqslant a\leqslant\dfrac{3}{2}.$

生：模仿问题3中的图象法，$|x^2-a+a^2-x|$ 和 $|x^2-a-a^2+x|$ 在对称轴或区间端点取最值，$\max\{|x^2-a+a^2-x|,|x^2-a-a^2+x|\}=\max\{|a^2-a+2|,\left|a^2-a-\dfrac{1}{4}\right|,$

$|a^2+a-2|,\left|a^2+a+\dfrac{1}{4}\right|\}=\max\{|a^2-a+2|,\left|a^2+a+\dfrac{1}{4}\right|\},$

所以 $\begin{cases}|a^2-a+2|\leqslant 4,\\\left|a^2+a+\dfrac{1}{4}\right|\leqslant 4,\end{cases}$ 得 $-1\leqslant a\leqslant\dfrac{3}{2}.$

师：大家集思广益，解法越来越先进．我们曾在问题3中感受到绝对值几何意义的强大作用，此处能用绝对值的几何意义解决吗？

师：这个题目中函数 $f(x)=|x^2-a|+|a^2-x|$ 的解析式非常漂亮，两个绝对值中变量 x 与参数 a 互换了位置，很对称，结合 x,a 的取值范围，你有什么想法？

生：当 $a\in[-1,1]$ 时，$f(x)\leqslant 4.$ 当 $a<-1$ 时，$f(x)\leqslant 4$ 不恒成立（特殊值验证）．当 $a>1$ 时，$a^2+a-(x^2+x)\leqslant 4$ 恒成立，所以 $1<a\leqslant\dfrac{3}{2}.$ 综上，$-1\leqslant a\leqslant\dfrac{3}{2}.$

师：漂亮！经历了学考真题，大家对于解决含参绝对值函数问题有哪些想法？

生：分类讨论是通法，但需要很好的推理和运算能力；绝对值三角不等式可以避开讨论；绝对值恒等式可将双绝对值变成单绝对值，再将参数分离后解决问题；绝对值的几何意义可以巧妙地解决问题．

设计意图 通过对学考真题的分析解决，使学生进一步熟悉考试题型，分类讨论解题过程复杂，因此设计成让学生欣赏；运用绝对值恒等式重在突破学生解题的易错点和难点；最后让学生感受绝对值几何意义的神奇作用，一题多解，感悟思想．

【变式】已知函数 $f(x)=|x^2-a|+|a^2-x|,x\in[-1,1]$，若 $f(x)\leqslant 6$ 恒成立，求实数 a 的取值范围．

生：当 $a\in[-1,1]$ 时，$f(x)<6.$ 当 $a<-1$ 时，$f(x)\leqslant 6$ 不恒成立．当 $a>1$ 时，$f(x)=a^2+a-(x^2+x)\leqslant 6$ 恒成立，所以 $1<a\leqslant-\dfrac{1}{2}+\sqrt{6}.$ 综上，$-1\leqslant a\leqslant-\dfrac{1}{2}+\sqrt{6}.$

(四)课堂小结，提炼思想方法

师：本节课学了哪些内容？用什么方法解决这些问题？谈谈你的收获．

七、课后作业

(一)基础性作业

1. 若不等式 $|2x-a|+|x+1|\geqslant 1$ 的解集为 **R**,则实数 a 的取值范围为_____.

2. 已知 $a\in\mathbf{R}$,函数 $f(x)=\left|x+\dfrac{4}{x}-a\right|+a$ 在区间 $[1,4]$ 上的最大值是 5,则 a 的取值范围为_____.

(二)反思性作业

3. 请你模仿变式,尝试改变问题 4 第(2)问的条件,求解,并请你反思总结变式及其解决方法.

八、教学反思

本节课是习题课,内容涉及含参绝对值函数问题.含参绝对值函数问题是高中数学的常见问题,同时也是学考常考的压轴题.学生对此类问题常常没有很好的解题思路.本节课从绝对值的定义、图象、三角不等式和几何意义这四方面对含参绝对值函数问题进行剖析,全面复习了解题策略,渗透分类讨论、转化与化归、数形结合等思想方法,思路清晰,结构严谨,过渡自然.尤其是 2020 年浙江学考题(改编),这个题目的表达式非常漂亮,两个绝对值之中变量 x 与参数 a 互换了位置,符合数学中简洁对称的结构.2 个问题的设置层层递进,互相联系,是一道考查学生数学综合能力的好题.本节课聚焦第(2)问,通过多种方法、多种形式很好地展示了解题过程,突破了双绝对值问题这个难点,有效落实了直观想象、逻辑推理、数学运算等数学核心素养.但数学习题课由来已久的矛盾是既要处理足够多的题目又要充分展示学生的思维过程,鉴于时间关系,本节课需要学生储备相关知识,如绝对值三角不等式、绝对值恒等式,及二次函数的一些关键知识等.

从学生考场形态来讲,分类讨论的思想属于通性通法,易于理解,但是需要很好的逻辑推理能力与数学运算能力,求解过程中应学会利用绝对值三角不等式将难点成功避开.绝对值恒等式是目前我们解决这类问题的常用手法,化双绝对值为单绝对值是该方法的点睛之处,而由绝对值不等式得到参数分离是真正的锦上添花.

教学是一门遗憾的艺术,由于时间原因和内容难度,在解题的某些过程中笔者教学不够细腻,语速稍快了些,个别学生赶不上课堂节奏.笔者将在今后的教学中不断探索,逐步改进.

基本不等式

台州市永宁中学　王　耀

一、教学内容

基本不等式是高中数学中的一个重要内容,是解决最值问题的常用工具.基本不等式求最值问题需要学生在复杂的约束条件中探索到合适的解题思路,灵活性高、综合性强,对学生来说具有一定的难度.学习基本不等式求最值对于学生提升分析问题、解决问题的能力,发展数学抽象、逻辑推理等数学核心素养有着重要的作用.

二、教学目标

1.掌握基本不等式求最值的原理,运用基本不等式求解简单最值问题.

2.通过探索一元参数、二元参数背景下的求最值问题,积累基本不等式求最值的活动经验,形成求最值的基本方法.

3.经历"问题—分析—反思—提炼"的过程,提升分析问题、解决问题的能力.

三、学情分析

学生已经学习了2课时的《基本不等式》知识,初步掌握基本不等式的结构特征,并且具备了利用基本不等式求解简单最值问题的能力,但求较复杂的最值问题还不够灵活、熟悉.为了达到教学目标,本节课教学中教师要引导学生根据条件、结构的特征进行变形,通过"配凑""减元""换元"等方法解决问题,帮助学生厘清方法间的联系与区别,完善认知结构,培养良好的概括能力,养成良好的反思习惯.

四、教学重难点

1.教学重点:通过对约束条件的理解,深刻体会到基本不等式适用的结构.

2.教学难点:基本不等式取等条件的判断以及根据题意对条件进行适当变形.

五、教学策略

通过渐进式问题链的形式从易到难设置三个级别的例题,利用问题驱动,激发学生求知欲和学习积极性,帮助学生拾级而上,并采用以学生独立思考、合作交流为主,教师指导为辅的模式组织教学.

六、教学过程

(一)开门见山,直奔主题

教师展示近几年考查"利用基本不等式求最值"的学考、高考题.

(1)已知 x,y 满足 $x^2+4y^2=2$,则 xy 的最大值为_____;

(2)若实数 a,b 满足 $ab>0$,则 $a^2+4b^2+\dfrac{1}{ab}$ 的最小值为_____;

(3)已知 $a>0,b>0$,且 $ab=1$,则 $\dfrac{1}{2a}+\dfrac{1}{2b}+\dfrac{8}{a+b}$ 的最小值为_____.

师:利用基本不等式求最值是学考、高考中的热点、难点问题,试题灵活多变,解题方法众多,今天我们将要学习在不同条件下,如何利用基本不等式求最值.

【问题1】 基本不等式求最值的基本模型有哪些?

生:如果积 xy 是定值 P,那么 $x=y$ 时,和 $x+y$ 有最小值 $2\sqrt{P}$;如果和 $x+y$ 是定值 S,那么 $x=y$ 时,积 xy 有最大值 $\dfrac{1}{4}S^2$.

设计意图 通过展示考题,突出基本不等式的重要程度,激发学生主动学习的动力和兴趣.对基本不等式的回顾,有利于学生更好地对知识进行迁移.

(二)小题小练,激活知识

【问题2】 请运用基本不等式的知识求解下列问题.

(1)已知 $a,b\in \mathbf{R}^+,ab=1$,求 $a+b$ 的最小值;

(2)已知 $a,b\in \mathbf{R}^+,a+b=1$,求 ab 的最大值;

(3)判断下列结论是否正确,并说明理由.

①当 $x>0$ 且 $x\neq 1$ 时,$\ln x+\dfrac{1}{\ln x}\geqslant 2$.

②当 $x>0$ 时,函数 $f(x)=x^2+\dfrac{1}{x}\geqslant 2\sqrt{x}$,当且仅当 $x^2=\dfrac{1}{x}$ 即 $x=1$ 时取等号,故 $f(x)$ 的最小值为2.

③函数 $f(x)=\sqrt{x^2+4}+\dfrac{1}{\sqrt{x^2+4}}$ 的最小值为2.

师:大家已经提前预习了本课的知识,下面请同学们来说说你们的想法和结果.

生1:已知 ab 为定值1,可求 $a+b$ 的最小值为2,当且仅当 $a=b=1$ 时取到最小值.

生2:已知 $a+b$ 为定值1,可求 ab 的最大值为 $\dfrac{1}{4}$,当且仅当 $a=b=\dfrac{1}{2}$ 时取到最

大值.

生3:第(3)题,①中 $\ln x$ 可取负数,结论错误.②中 x^2 与 $\dfrac{1}{x}$ 的乘积不是定值,不能直接用基本不等式求最值,结论错误.③中取等条件不成立,结论错误.

师:上述的3道题都符合基本不等式的结构特征,直接利用基本不等式就可以求解,但直接做,就容易出错.你认为用基本不等式解决问题,有哪些地方需要注意?

生:运算对象要为正数,运算结果要为定值,最值成立的条件.

师:归纳为"一正二定三相等".

设计意图 通过对课本习题的改编,帮助学生归纳总结基本不等式解决问题的注意点.

(三)经典例题,活化知识

【**问题3**】在实际问题中,条件的呈现往往不能直接运用基本不等式,你能用哪些方法解决下面的问题呢?

(1)函数 $f(x)=x+\dfrac{1}{x-1}(x>1)$ 的最小值为_____;

(2)函数 $f(x)=\dfrac{x^2-x+4}{x-1}(x>1)$ 的最小值为_____;

(3)函数 $f(x)=\dfrac{1}{x}+\dfrac{4}{1-x}(0<x<1)$ 的最小值为_____.

生1:第(1)题通过"配凑",使得 $x+\dfrac{1}{x-1}=(x-1)+\dfrac{1}{x-1}+1\geqslant 3$,当且仅当 $x=2$ 时取到等号,所以最小值为3.

生2:第(2)题中可将 x^2-x 变为 $x(x-1)$,则 $f(x)=\dfrac{x^2-x+4}{x-1}=x-1+\dfrac{4}{x-1}+1$ $\geqslant 5$,当且仅当 $x=3$ 时取到等号,所以函数 $f(x)$ 的最小值为5.

师:将第(1)题中的表达式通分 $f(x)=\dfrac{x^2-x+1}{x-1}$ 就与第(2)题一样都是含有高低次项的分式结构(以下简称"高低次分式").对此类结构,我们可尝试逆向分解化简,但直接分解往往是有难度的,有更好的求解方法吗?

生:第(2)题可以用换元的方法,令 $t=x-1>0$,则函数 $f(t)=\dfrac{(t+1)^2-(t+1)+4}{t}$ $=t+\dfrac{4}{t}+1$,用基本不等式可求出最小值.

师:通过换元等价化简目标函数,本质上还是利用"配凑"求最值,这种解法是处理此类高低次分式的通法,那如何求解第(3)题呢?

生:这个函数表达式通分后也是高低次分式,可以仿照第(2)题的解法,先换元化简,再配凑求最值.

师:还有其他解法吗?

生:注意到 $x+(1-x)=1$,可以运用"常量代换",即 $y=[x+(1-x)]\left(\dfrac{1}{x}+\dfrac{4}{1-x}\right)=\dfrac{1-x}{x}+\dfrac{4x}{1-x}+5\geqslant 9$,当且仅当 $x=\dfrac{1}{3}$ 时取到等号.

师:请大家观察以上3道题的题型特征,同时归纳解决方法.

生:都是单变量求最值,可以利用换元、常量代换等方法对条件进行变形,利用"配凑"求出最值.

【变式】函数 $f(x)=\dfrac{2}{x}+\dfrac{1}{3-2x}\left(0<x<\dfrac{3}{2}\right)$ 的最小值为_____.

设计意图 在面对含单变量最值问题中,不仅需要"低头赶路"(即动手解题),还要学会"抬头看路"(观察条件的结构特征).引导学生发现题(2)与题(3)的本质都是题(1)的复杂化,在面对复杂的多项式时,善于利用换元、常量代换等方法,化繁为简,实现解题过程的优化.

(四)深化拓展,深化知识

【问题4】单变量最值问题,同学们已经掌握了解决方法,但如果面对双变量最值问题(如下),又该如何处理呢?

(1)若 $a>0,b>0,(a-1)(b-1)=1$,求 $a+b$ 的最小值.

(2)若 $a>0,b>0,2a+b+6=ab$,求 $a+b$ 的最小值.

生:用"配凑",即 $a+b=(a-1)+(b-1)+2\geqslant 4$,当且仅当 $a=b=2$ 时取到等号.

师:$a-1,b-1$ 是正数吗?条件中的 $a>0,b>0$ 该如何运用?

生1:将等式展开,即 $ab-a-b=0$,并转化为 $b=\dfrac{a}{a-1}>0$,则可证明 $a-1,b-1$ 为正数.此时不妨用"减元",即 $a+b=a+\dfrac{a}{a-1}=a-1+\dfrac{1}{a-1}+2\geqslant 4$,当且仅当 $a=b=2$ 时取到等号.

生2:将等式 $ab-a-b=0$ 两边同除以 ab,得 $\dfrac{1}{a}+\dfrac{1}{b}=1$,则可用"常量代换"求最小值.

生3:刚才等式展开后,由 $a+b=ab\leqslant\left(\dfrac{a+b}{2}\right)^2$,即建立目标多项式的不等式,从而解出 $a+b\geqslant 4$,也可以求出最小值.

师:非常好,大家通过相互合作交流,归纳出了几种常用的解法,那么趁热打铁,我们能运用这些解法来解题(2)吗?

生1:题(1)中的等式展开后的形式与题(2)中的条件是同一类型,可以通过因式分解将等式转化为 $(a-1)(b-2)=8$,可用"配凑"来求解,还可以分离出 $b=\dfrac{2a+6}{a-1}$,则可用

"减元"来求解,其他方法就不合适了.

生2:将条件配凑为 $a+b+6=a(b-1)$,由 $a+b-1=a(b-1)$,得 $a+b-1\geqslant 2\sqrt{a(b-1)}=2\sqrt{a+b+6}$,令 $t=a+b>0$,即 $t-1\geqslant 2\sqrt{t+6}$,从而可以解得 $t\geqslant 3+4\sqrt{2}$,最小值可得.

师:针对以上两道求双变量最值问题,你有怎样的解题经验?

生:面对双变量最值问题,用常量代换法有一定的局限性,通过整体配凑也有一定的难度,而将等式转化为只含目标多项式的不等式具有较强的技巧性,这时我们依旧可以选择"减元"的方法,转化为单变量问题,求得最值,不过需要关注最值成立的条件.

【变式】 若 $a>0,b>0,a+b+\dfrac{1}{a}+\dfrac{4}{b}=10$,求 $a+b$ 的最大值.

设计意图 通过经典陈题,多角度调动学生思维,引导学生发现、归纳解决方法.在对解题方法反思的过程中,体会每种方法都有优缺点,需要根据题型与自身能力水平选择适当的方法.

(五)课堂小结,回顾反思

教师与学生一同归纳本节课所学的主要内容,并请学生回答以下问题:

(1)单变量背景下求最值和双变量背景下求最值都有哪些方法和需要注意的地方?

(2)基本不等式求最值涉及哪些思想方法?

设计意图 通过对本节课知识的梳理,进一步明确在不同条件背景下,如何选择适当的方法解决问题,积累解题经验,提升分析问题、解决问题的能力.

七、课后作业

(一)基础性作业

1. 已知 $x>2$,则 $y=x+\dfrac{1}{x-2}$ 的最小值是_____.

2. 已知 $t>0$,则 $y=\dfrac{t^2-4t+1}{t}$ 的最小值是_____.

3. 已知 $a>0,b>0$,且 $4a+3b=5$,则 $\dfrac{1}{1+a}+\dfrac{3}{2+b}$ 的最小值是_____.

4. 已知 $a>0,b>0,a+4b=ab$,则 ab 的最小值是_____,$a+2b$ 的最小值是_____.

5. 若正数 a,b,c 满足 $b+c\geqslant a$,则 $\dfrac{b}{c}+\dfrac{c}{a+b}$ 的最小值为_____.

设计意图 通过前4道题的设置,考查学生对求单变量和双变量最值问题的掌握情况.本节课已经学习了求双变量最值问题可以通过"减元",转化为单变量问题,进而求得最值,题5为三变量求最值问题,考查学生能否迁移"减元"的解题方法,"减元"到双变量进行求解.

(二)反思性作业

6.请同学们对今天学习的解题思路、推理过程进行反思,形成解决此类问题的思维导图,同时设计求单变量最值和双变量最值问题各一题.

设计意图 通过对解题思路、推理过程的反思,帮助学生归纳、总结,形成简略的解题思维导图,提高解题能力."解决一个好问题不如提出一个好问题",通过让学生设计问题,考查对知识的掌握程度,将学生从解题者转变为出题者,增加了数学作业的趣味性,提升了他们对数学学习的兴趣和信心.

八、教学反思

美籍数学家波利亚主张数学教育的目的之一是发展学生的解决问题的能力,教会学生思考.南京师范大学涂荣豹教授也认为,"怎样思考"和"怎样才能想到"是数学教学的首要任务.因此,习题课要取得好的复习效果,就要对问题进行深度的思考,让学生在研究的状态下学习,让教师站在发展核心素养的高度进行教学设计.这就要求教师在课堂教学过程中给学生充分的独立理解题意、探索分析的时间,有效引导学生思考,充分暴露师生的探究过程.案例中通过对基本不等式求最值方法的归纳,学生真正领悟到解决单变量最值问题的几种方法,其中通法为"配凑";也掌握了解决双变量最值问题的方法,其中通法为"减元".学生深刻领会方法背后所蕴含的化归与转化、常量代换、构造函数等数学思想,在领悟方法的过程中,发展了数学抽象、逻辑推理、数学运算、数学建模等核心素养.

探究两平面的交线问题

三门中学　董玲飞

一、教学内容

两个平面相交是两个平面之间的一种很重要的位置关系.有关两个相交平面的交线问题是立体几何的一个重要内容,能够充分体现学生的空间想象能力、把握图形直观能力,可以为空间角的求解奠定重要的知识基础.

二、教学目标

1.理解基本事实3、线面平行性质定理和面面平行性质定理.

2.掌握基本事实3、线面平行性质定理和面面平行性质定理在找两平面交线中的作用,能找出两个平面的交线.

3.会用相交法、平行法找到辅助平面,作出相交线.

三、学情分析

在新课教学过程中,因内容多,时间紧,教师对整体知识概括得比较少.而高三习题课主要目的是巩固和加深学生对已学知识的理解,实现知识的系统化、条理化,形成知识网络结构.本节课通过微专题的形式让教学的视野从课时过渡到主题,让内容从单一过渡到整体,让设计由静态过渡到动态,从而提升学生的关键能力.

四、教学重难点

1.教学重点:对基本事实3、线面平行性质定理和面面平行性质定理的理解与应用.

2.教学难点:添加辅助线,找到辅助平面,作出相交线.

五、教学策略

本节课将通过问题链的形式提出要解决的基本题型,结合学生的反思,归纳出解决问题的基本方法和基本活动经验,提炼基本模型.

六、教学过程

师：同学们会作两平面的交线吗？你们能回顾一下作图的理论依据吗？

生1：找到两个平面的两个公共点，根据基本事实3——如果两个不重合的平面有一个公共点，那么它们有且只有一条过该点的公共直线，就可以找到交线．

生2：依据线面平行的性质定理——如果一条直线和一个平面平行，则过这条直线的任一平面与此平面的交线与该直线平行，就可以找到交线．

生3：依据面面平行的性质定理——两个平面平行，如果另一个平面与这两个平面相交，那么两条交线平行，就可以找到交线．

设计意图 通过对以上基本事实和定理的梳理，建立找寻两平面交线的理论依据．

【问题1】如图1，正方体 $ABCD-A_1B_1C_1D_1$，在图中 E,F 分别是 C_1D_1、BB_1 的中点，试画出平面 AEF 与平面 $ABCD$ 的交线．

生：已知平面 AEF 与平面 $ABCD$ 的一个交点便可找到交线，问题转化为找寻直线 EF 与平面 $ABCD$ 的交点．

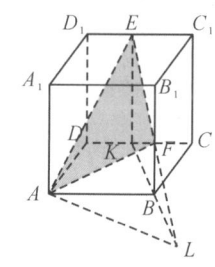

图1

师：你是如何想到的？

生：利用基本事实3，找交线只需找两个交点，需要将平面扩充．

师：请说出你的作图步骤．

生：步骤1，作过 EF 的辅助平面与平面 $ABCD$ 的交线，设 K 为 CD 的中点，有 $BF // EK$ 且 $BF = \frac{1}{2}EK$，所以平面 $EKBF \cap$ 平面 $ABCD = KB$．步骤2，作 EF 与平面 $ABCD$ 的交点，设 $EF \cap BK = L$，则 L 在 BK 的延长线上，且 $BL = KB$，AL 即为所求交线．

师：能利用线面平行的性质定理来作交线吗？说说你的发现．

生（回答解题步骤）：因为平面 $ABCD //$ 平面 $A_1B_1C_1D_1$，则平面 $A_1B_1C_1D_1$ 中的线必平行于平面 $ABCD$．

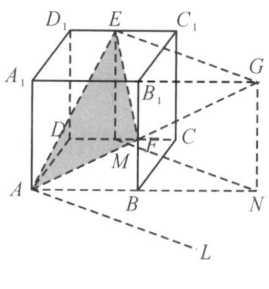

图2

师：找到了线面平行，还需什么条件？

生1：需作一个辅助平面与已知平面相交．

生2：步骤1，作平面 AEF 与上底面 $A_1B_1C_1D_1$ 的交线，延长 AF 与 A_1B_1，相交于点 G，则 EG 即为平面 AEF 与上底面 $A_1B_1C_1D_1$ 的交线，且 $EG //$ 平面 $ABCD$．步骤2，作过点 A 且平行于 EG 的直线．找寻一个容易的辅助平面 $EGNM$ 和底面 $A_1B_1C_1D_1$ 交于 MN，过点 A 作 MN 的平行线 AL，即为所求交线．

师：通过以上两种解题方法，你能反思归纳出作两平面的交线的常用方法吗？

生：求作两平面的交线通常用基本事实3与线面平行的性质定理为依据的相交法与平行法，具体操作则是借助辅助平面实现面面交线与线线交点的转换．

设计意图 通过两种方法讲解例题,感悟空间中两平面交线问题的基本操作,强化对基本事实3,线面平行和面面平行性质定理的理解.通过对几何图形中线线位置关系的把握,培养空间直观想象能力.这是学生关键能力的第一层次:知识理解.

师:研究了两平面的交线,延续这个方法我们还能研究哪些问题呢?

生:交线构成的平面即截面的问题.

【问题2】 如图3,在正方体$ABCD-A_1B_1C_1D_1$中,E,F,G分别为C_1D_1,B_1C_1,AB的中点,作出过这三点的截面.

师:找截面的关键是什么?

生:找寻平面与几何体各个表面的交线.

师:观察这个正方体,你有什么发现?

生1:EF就是其中一条交线.

生2:EF平行于底面$ABCD$,过EF的截面与底面的交线应该也与EF平行.

学生给出利用线面平行性质定理作截面的过程.

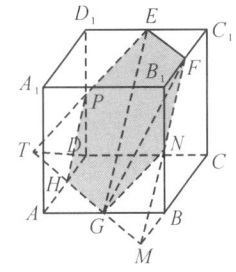

图 3

生3:平面$ABCD$∥平面$A_1B_1C_1D_1$,所以平面EFG与平面$ABCD$的交线必平行于EF.过点G作BD的平行线,则HG∥EF,延长HG交CB,CD于点M,T,连接FM,ET交BB_1,DD_1于点N,P,平面$EFNGHP$即为所作截面.

生4:EF在上底面中,延长EF可与A_1D_1,A_1B_1相交,这样就能得出与平面A_1ABB_1和平面A_1ADD_1的交点,再根据基本事实3可以找到交线.

学生给出利用基本事实3作截面的过程.

生5:如图4,延长EF交A_1D_1,A_1B_1于O,Q,连接QG交BB_1于点N,延长QG交AA_1于点M,连接OM交DD_1,AD于点P,H,由基本事实3可知,平面$EFNGHP$即为所作截面.

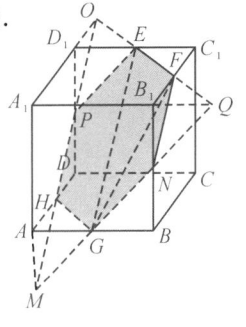

图 4

设计意图 问题2是在问题1基础上进行设计的.作截面本质就是作出面与面的交线.学生能够把复杂问题分解为简单问题,发现本题的本质,既巩固了找寻两平面交线的基本方法,又实现了知识的迁移.这是学生关键能力的第二层次:知识迁移.

【问题3】 (2016·全国)平面α过正方体$ABCD-A_1B_1C_1D_1$的顶点A,α∥平面CB_1D_1,$\alpha\cap$平面$ABCD=m$,$\alpha\cap$平面$ABB_1A_1=n$,则m,n所成角的正弦值为 ( )

A. $\dfrac{\sqrt{3}}{2}$ B. $\dfrac{\sqrt{2}}{2}$

C. $\dfrac{\sqrt{3}}{3}$ D. $\dfrac{1}{3}$

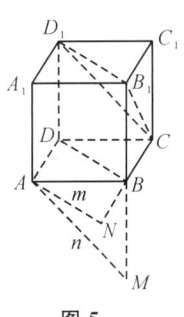

图 5

师:如何求两条直线所成的角?

生1:可转化为找到两条相交直线的所成角,再根据三角形余弦定理求解.

生2:也可找到两条直线的方向向量,转化为向量的夹角求解.

师:本题我们碰到的困难是什么?

生1:图中不清楚直线 m,n 的位置.

生2:作出两平面的交线.

师:如何作两平面的交线呢?

生:如图5,应用线面平行的性质定理可知 $n/\!/CD_1,m/\!/B_1D_1$,所以 CD_1,B_1D_1 所成角即为 m,n 所成角.

设计意图　本题是一道背景比较综合的复杂问题,学生如果能够发现此题的本质就是找寻平面与平面的交线,那么问题迎刃而解.能够从综合的情境、复杂的问题中提炼问题的本质,这是学生关键能力的第三层次:知识创新.

七、课后作业

(一)基础性作业

1. 如图6,试画出过正三棱柱 $ABC-A_1B_1C_1$ 的底边 BC 及两底面中心连线 OO_1 中点 M 的截面.

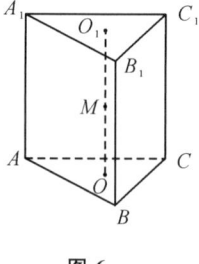

图6

2. 已知正方体 $ABCD-A_1B_1C_1D_1$ 的体积为1,点 M 在线段 BC 上(点 M 异于 B,C 两点),点 N 为线段 CC_1 的中点,若平面 AMN 截正方体 $ABCD-A_1B_1C_1D_1$ 所得的截面为四边形,则线段 BM 的取值范围是_____.

(二)反思性作业

3. 请归纳整理探求两平面交线问题的常用方法,用这些方法自编一题并解答.

设计意图　题1为基础性作业,帮助学生巩固作两平面交线的基本方法,掌握相交法和线面平行的性质定理.题2偏能力提升,创设复杂情境,培养学生从复杂问题中抽象概括出数学模型的能力,提高解决问题和分析问题的能力.通过分层次作业,大部分学生能巩固本节课所复习的方法,数学能力较强的学生也能进一步提升方法的运用能力.题3是一道反思性作业,从自编题目的过程感受求解两平面交线问题的本质.

八、教学反思

关键能力可以划分为三个水平:

水平一,熟悉的情境,简单的问题——知识理解.

水平二,关联的情境,较为复杂的问题——知识迁移.

水平三,综合的情境,复杂的问题——知识创新.

本节课所选取的三个问题(问题1～3)分别基于上述三个层次.

本节课是一节数学习题课,而解题教学是一种认识活动,是对概念、定理的继续学习,是对技能、方法的继续熟练.本节课立足于学生直观想象这一关键能力,引导学生通过独立研究或合作研究建构知识图谱与能力图谱,掌握研究数学问题的一般思路与方法,发展自己的关键能力.

逻辑推理:求数列的通项公式

天台中学　杨　俊

一、教学内容

用数列递推公式来求数列的通项公式.

二、教学目标

1.了解递推公式是给出数列的一种方法,并能根据数列的递推关系求出数列的通项公式.

2.会把一些简单的递推关系转变为等差数列、等比数列,提升数学运算能力和逻辑推理能力.

三、学情分析

高二学生已学过数列相关知识,知识经验较为丰富,智力发展已达到形式运演阶段.他们具备了较强的抽象思维能力和逻辑推理能力,所以在授课时教师应注重引导、反思、研究和探讨,以符合这类学生的心理发展特点,从而促进思维能力的进一步发展.

四、教学重难点

1.教学重点:掌握递推数列的通项公式的求法,并能应用它解决一些简单的问题.
2.教学难点:如何将数列的递推关系转化为等差数列或等比数列.

五、教学策略

本节课采用问题链的形式进行教学,引导学生层层反思,培养学生的逻辑推理能力,提高学生的数学核心素养.以2017、2018年浙江省数学高考数列试题为例,设置问题激发学生的求知欲,使学生主动参与数学实践活动,以独立思考和相互交流的形式,在教师的指导下发现、分析和解决问题.

六、教学过程

(一)创设情境

师:警察是如何找到嫌疑人的?

生:他们能根据一些细节找到嫌疑人,逻辑推理能力特别强.

设计意图 用学生身边的例子引入,提高学习兴趣,引出本节课的主题:逻辑推理.

师:逻辑推理是指从一些事实和命题出发,依据规则推出其他命题的素养.推理形式如下图所示.

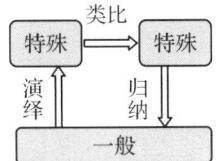

师:基于此,我们一起来看看逻辑推理在数列问题中是如何呈现的.

(二)探究新知

【问题1】如何表示一个数列?

生:(1)通项公式.(2)递推公式.

师:能否用数列的递推公式求得数列的通项公式?

设计意图 回归数列本质,逐层深入,更加贴近学生的最近发展区.

【问题2】等差、等比数列的通项公式是什么?

生:等差数列:$a_n=a_1+(n-1)d$.等比数列:$a_n=a_1q^{n-1}(q\neq 0)$.

【问题3】等差、等比数列的递推公式是怎么表示的?

生:(1)$a_n-a_{n-1}=d$.(2)$\dfrac{a_n}{a_{n-1}}=q(q\neq 0)$.

师:能否用等差数列、等比数列的递推公式推导出它们的通项公式?

生:用累加法可以求等差数列的通项公式,用累乘法可以求等比数列的通项公式.

设计意图 引出本节课的课题,用数列的递推公式求数列的通项公式.

【问题4】类比:

(1)已知 $a_1=1$,$a_{n+1}-a_n=n$,求 a_n.

(2)已知 $a_1=1$,$a_{n+1}-a_n=2^n$,求 a_n.

(3)已知 $a_1=1$,$a_{n+1}-a_n=n+2^n$,求 a_n.

(4)已知 $b_1=1$,$b_{n+1}-b_n=(4n-1)\left(\dfrac{1}{2}\right)^{n-1}$,求 b_n.

师:大家可以分成四个小组,第一小组做第(1)题,第二小组做第(2)题,第三小组做第(3)题,第四小组做第(4)题.

学生分组做完后,教师利用投影仪将 4 个结果投到大屏幕上进行分析.

设计意图 类比问题 3 中运用累加法推导等差数列的通项公式,通过列举 4 个问题,累加后等式右边分别是等差数列求和、等比数列求和、分组求和、错位相减法求和,逐层递进.特别是第(4)题,通过求解可为 2018 年浙江省数学高考数列试题做铺垫.

(三)真题讲评

【例 1】(2018·浙江)已知等比数列 $\{a_n\}$ 的公比 $q>1$,且 $a_3+a_4+a_5=28, a_4+2$ 是 a_3, a_5 的等差中项,数列 $\{b_n\}$ 满足 $b_1=1$,数列 $\{(b_{n+1}-b_n)a_n\}$ 前 n 项的和为 $2n^2+n$.

(1)求 q 的值.

(2)求数列 $\{b_n\}$ 的通项公式.

教师展示高考真题,留 15 分钟时间供学生思考、解答.

【解析】(1)由 a_4+2 是 a_3, a_5 的等差中项,得 $a_3+a_5=2a_4+4$,

所以 $a_3+a_4+a_5=3a_4+4=28$,解得 $a_4=8$.

由 $a_3+a_5=20$,得 $8\left(\dfrac{1}{q}+q\right)=20$,因为 $q>1$,所以 $q=2$.

(2)设 $c_n=(b_{n+1}-b_n)a_n$,数列 $\{c_n\}$ 前 n 项和为 $S_n=2n^2+n$.

由 $c_n=\begin{cases} S_1(n=1), \\ S_n-S_{n-1}(n\geqslant 2), \end{cases}$ 解得 $c_n=4n-1$.

由(1)可知 $a_n=2^{n-1}$,所以 $b_{n+1}-b_n=(4n-1)\left(\dfrac{1}{2}\right)^{n-1}$.

所以,$b_n-b_1=(b_n-b_{n-1})+(b_{n-1}-b_{n-2})+\cdots+(b_3-b_2)+(b_2-b_1)$

$=(4n-5)\left(\dfrac{1}{2}\right)^{n-2}+(4n-9)\left(\dfrac{1}{2}\right)^{n-3}+\cdots+7\cdot\dfrac{1}{2}+3$.

设 $T_n=3+7\cdot\dfrac{1}{2}+11\cdot\left(\dfrac{1}{2}\right)^2+\cdots+(4n-9)\left(\dfrac{1}{2}\right)^{n-3}+(4n-5)\left(\dfrac{1}{2}\right)^{n-2}$,

则 $\dfrac{1}{2}T_n=3\cdot\dfrac{1}{2}+7\left(\dfrac{1}{2}\right)^2+\cdots+(4n-13)\left(\dfrac{1}{2}\right)^{n-3}+(4n-9)\left(\dfrac{1}{2}\right)^{n-2}+(4n-5)\left(\dfrac{1}{2}\right)^{n-1}$.

所以,$\dfrac{1}{2}T_n=3+4\cdot\dfrac{1}{2}+4\cdot\left(\dfrac{1}{2}\right)^2+\cdots+4\left(\dfrac{1}{2}\right)^{n-2}-(4n-5)\left(\dfrac{1}{2}\right)^{n-1}$,

因此,$T_n=14-(4n+3)\left(\dfrac{1}{2}\right)^{n-2}$.

又 $b_1=1$,所以 $b_n=15-(4n+3)\left(\dfrac{1}{2}\right)^{n-2}$.

【问题 5】 拓展:

(1)已知 $a_1=1, a_{n+1}-2a_n=1$,求 a_n.

(2)已知 $a_1=1, a_{n+1}-a_n=2a_{n+1}a_n$,求 a_n.

教师请个别学生上台板书作答.

设计意图 问题5中的第(1)题可用构造法解决,第(2)题两边分别除以 $a_n a_{n+1}$,转变为等差数列.解答这两个问题的方法和技巧为下面的问题6做铺垫.

【问题6】 已知数列 $\{x_n\}$ 满足:$2x_{n+1} - x_n = \dfrac{x_n x_{n+1}}{2}$,$x_1 = 1$,求 x_n.

生:两边除以 $x_n x_{n+1}$ 得,$\dfrac{2}{x_n} - \dfrac{1}{x_{n+1}} = \dfrac{1}{2}$,即 $\dfrac{1}{x_{n+1}} = \dfrac{2}{x_n} - \dfrac{1}{2}$.

设 $\dfrac{1}{x_{n+1}} + \lambda = 2\left(\dfrac{1}{x_n} + \lambda\right)$,解得 $\lambda = -\dfrac{1}{2}$.

因为 $\dfrac{1}{x_1} - \dfrac{1}{2} = 1 - \dfrac{1}{2} = \dfrac{1}{2}$,所以 $\left\{\dfrac{1}{x_n} - \dfrac{1}{2}\right\}$ 是以 $\dfrac{1}{2}$ 为首项,2 为公比的等比数列.

所以 $\dfrac{1}{x_n} - \dfrac{1}{2} = \dfrac{1}{2} \cdot 2^{n-1} = 2^{n-2}$,所以 $\dfrac{1}{x_n} = 2^{n-2} + \dfrac{1}{2} = \dfrac{2^{n-1}+1}{2}$,即 $x_n = \dfrac{2}{2^{n-1}+1}$.

设计意图 通过求解问题6,可为2017年浙江省数学高考数列改编题做铺垫,从求数列通项公式转换到求证数列不等式,体会数学中等式与不等式的相互联系.

【例2】(2017·浙江)(改编)已知数列 $\{x_n\}$ 满足:$x_1 = 1$,$0 < x_n < 1$,$2x_{n+1} - x_n \leqslant \dfrac{x_n x_{n+1}}{2}$,$n \in \mathbf{N}^*$.证明:$x_n \leqslant \dfrac{1}{2^{n-2}}$.

生:把问题6中的等号改为不等号就行了.

师:真棒,你解决了改编自2017年浙江省数学高考试卷中的一道数列题.

(四)课堂小结

1.求数列通项公式有哪些方法?

2.在求数列通项公式中体现了哪些数学核心素养?

七、课后作业

(一)基础性作业

1.已知数列 $\{x_n\}$,$x_n > 0$,$x_n^2 + x_n = 3x_{n+1}^2 + 2x_{n+1}$.证明:$\left(\dfrac{1}{2}\right)^{n-1} \leqslant x_n \leqslant \left(\dfrac{1}{2}\right)^{n-2}$.

(二)反思性作业

2.除了用累加法能得到等差数列的通项公式,还有什么方法来求数列的通项公式吗?(参考答案:累乘法、公式法、构造法、数学归纳法、已知数列前 n 项和求通项公式等)

八、教学反思

数列通项公式的求法是继学习等差数列与等比数列之后的一节习题课.数列的通项公式是数列的核心内容之一,如同函数中的解析式一样,有了解析式便可以研究函数的性质,而有了数列的通项公式就可以研究数列的性质.因此,求数列通项公式往往是解题的突破口.通过这节课,对由数列的递推公式求数列的通项公式方法的研究,学生能够初步掌握求数列通项公式的方法,凭借规律,探究其他方法.

在课上引导分析时,教师应留出足够的时间供学生反思,让学生去联想、探索,同时应鼓励学生大胆质疑,围绕中心各抒己见,把思路方法和需要解决的问题弄清,使学生真正成为课堂的主人.

一元二次方程根的分布

浙江临海市回浦中学　应俊宇

一、教学内容

本节课是一节习题课，内容涉及人教 A 版普通高中数学教科书（必修·第一册）第二章《一元二次函数、方程和不等式》. 本节内容是针对高考要求中含有参数的一元二次方程根的分布知识而设计的，具有一定的理解难度.

二、教学目标

1. 能深刻理解方程的根与函数零点的等价关系.

2. 学会根据不同的一元二次方程，结合题目中的已知条件，选择最佳方案，将方程拆分成两个函数，并求解两个函数的交点问题.

3. 通过本节课的学习和课后反思，进一步感受反思性学习思维方式，提升反思性数学学习的能力.

三、学情分析

1. 教学对象：高一学生，他们已经初步形成逻辑思维能力，具有一定的分析问题和解决问题的能力.

2. 已有的知识结构：掌握了方程的根与函数零点的关系，会用一些简单的方法求解一元二次方程根的分布问题.

3. 对本节课的知识储备：本节课属于大单元教学习题课，学生之前已经学习了相关的内容.

四、教学重难点

1. 教学重点：运用多种方法来解决一元二次方程根的分布问题.

2. 教学难点：根据一元二次方程根的分布问题的本质特点，以数形结合的方式，寻找到最合适的方法来解决问题.

五、教学策略

本节课将以问题链的模式,结合启发式教学原则,采取变式教学法,通过学生自主探究和教师讲授相结合的形式开展课堂教学,引导学生对问题的解决方法进行归纳和反思.

六、教学过程

(一)创设情境,提出问题

【引例1】若一元二次方程 $x^2-2ax+2=0$ 有两个不等的正根,求实数 a 的取值范围.

生1:由韦达定理得,$\begin{cases} \Delta>0, \\ x_1+x_2>0, \\ x_1 \cdot x_2>0 \end{cases} \Rightarrow \begin{cases} 4a^2-8>0, \\ 2a>0, \\ 2>0 \end{cases} \Rightarrow a>\sqrt{2}.$

生2:也可以根据"函数零点"的概念,函数图象交点……

师:对于不能用公式法求根的方程,我们可以将它与函数联系起来,利用函数的图象和性质找出零点,从而求出方程的根.

【引例2】若一元二次方程 $x^2-2ax+2=0$,其中一根在区间$(0,1)$内,另一根在区间$(1,3)$内,求实数 a 的取值范围.

生:设 $f(x)=x^2-2ax+2$,根据函数零点的存在性定理,可得,
$\begin{cases} f(0)>0, \\ f(1)<0, \\ f(3)>0 \end{cases} \Rightarrow \begin{cases} 2>0, \\ 3-2a<0, \\ 11-6a>0 \end{cases} \Rightarrow \dfrac{3}{2}<a<\dfrac{11}{6}.$

设计意图 设置这两个引例,既复习了初中求解一元二次方程的方法,又回顾了高一所学的方程的根与函数零点的等价关系以及函数零点存在性定理,并自然地引导学生运用二次函数图象来解决一元二次方程根的分布问题.

教师引导学生归纳两类方法:(1)公式法求根.(2)转化为函数图象解交点.

(二)师生互动,探究问题

【例1】若一元二次方程 $x^2-2ax+2=0$ 在区间$(1,+\infty)$上至少存在一个根,求实数 a 的取值范围.

设计意图 本题如果采用解二次函数图象与 x 轴交点的方式,那就有很多种不同的情况,比较复杂,所以需要寻找另外的方法来解决.注重引导学生发现其他拆分方程的方法.

学生口述,老师板演解题.(答案:$a \geqslant \sqrt{2}$)

师:本题通过方程等号左边的函数 $f(x)=x^2-2ax+2$ 的图象与右边函数 $g(x)=0$ 的图象解交点.那么,等号左右两边除了使用这两个函数组合形式,还有其他函数组合可选吗?

生:可以将方程拆分成 $2a=x+\dfrac{2}{x}$,$2ax=x^2+2$……多种形式,再通过数形结合解决问题.

教师根据学生的回答情况,选择其中两种解法进行板书,如 $2ax=x^2+2$ 和 $2a=x+\dfrac{2}{x}$ 的解法.

师:在比较两种解法后,请大家进行归纳反思,找到最佳的解决方法.

生:参变分离法最简单.

师:为什么?

生:因为已知的两个函数中一个是确定的,一个是含有参数的(变动的),而本题中 $y=2a$ 是所有含参函数中最简单的.我们最容易掌握它的运动规律,所以可以选择用它来解题.

师(总结):在将方程拆分成两个函数,转化成函数图象解交点的时候,选取的两个函数越合理,解题过程就越简单.

(三)类比推理,解决问题

【例2】若一元二次方程 $ax^2-x+2=0$ 在 $(-2,+\infty)$ 上有两个不同的实根,求实数 a 的取值范围.

设计意图 通过对前面所学知识和解法的归纳和反思,选择认为最好的解法来解决这个问题.

师:本题解法显然有很多,请同学们分小组进行讨论,选择你们认为的最佳解法来作答.

教师可以结合学生的作答情况,参与各组的讨论,加以引导和指点,将方程转化为以下不同的方式:$ax^2=x-2$,$x^2=\dfrac{1}{a}(x-2)$,$a=\dfrac{1}{x}-\dfrac{2}{x^2}$,$ax=1-\dfrac{2}{x}$.

教师可以请几位学生上台重点讲解并板书其中的1~2种解法,其他学生对各种解法加以比较,反思各类解法的利弊,提升解题效率.

师:请同学们根据刚才自己的解题经历,谈谈解决这道题的思路和想法.

生:本题主要采用拆分函数的方法进行解题,而且在选择拆分函数的时候,不要只着眼于函数的形式,要兼顾含参函数和确定函数的可操作性.只有这样,我们解题时才会更加高效.

(四)分析比较,开拓思维

【例3】 已知 $a,b\in \mathbf{R}$,且 $0\leqslant a+b\leqslant 1$,方程 $x^2+ax+b=0$ 在区间 $\left[-\dfrac{1}{2},0\right]$ 上至少存在一个实根,则实数 $-\dfrac{1}{2}a+b$ 的最小值是_____,最大值是_____。

设计意图 把含有一个参数的一元二次方程提升到含有两个参数的一元二次方程,培养学生的逻辑推理能力。利用类比推理,根据知识的迁移和解法的归纳,找到解决含有两个参数的一元二次方程的解题思路。

师:此题与例2有什么区别?解法是否相同?

生:本题与例2的最大区别是,题干中的一元二次方程是含有两个参数的,与例2中的含有一个参数的一元二次方程比较,解题难度更大。

师:那你有什么好的想法吗?

生:用传统的求根方法比较复杂,还是需要借助函数图象的直观想象,拆分方程。

师:在拆分方程的时候,是将两个参数放在同一个方程中,还是分开放在两个不同的方程中?

生1:应该分开放在两个不同的方程中。

生2:应该考虑把两个参数放在同一个方程中。

师:这两种不同的处理方式都可以具体操作一下,看看哪种更合理。

经过学生的合作交流,最后发现最佳的处理方式:

生:因为题中有一个条件是 $0\leqslant a+b\leqslant 1$,两个参数是被捆绑在一起的,构成一个整体,在拆分方程的时候,考虑把 a,b 放在一起比较合适,所以就顺理成章地想到要将方程拆分成 $f(x)=-x^2,g(x)=ax+b$ 的形式,而且 $a+b=g(1)$,本题所求的结果 $-\dfrac{1}{2}a+b$ 也恰好等于 $-\dfrac{1}{2}a+b=g\left(-\dfrac{1}{2}\right)$。

【解析】 令 $f(x)=-x^2,g(x)=ax+b$,即转化成求两个函数图象在 $x\in\left[-\dfrac{1}{2},0\right]$ 上至少存在一个交点的问题。首先在直角坐标系中作出函数 $f(x)=-x^2,x\in\left[-\dfrac{1}{2},0\right]$ 的图象,然后再作出 $g(x)=ax+b$ 的图象。

如图1,即直线 $g(x)=ax+b$ 必定经过点 $P(1,a+b)$,点 P 在线段 MN 上。由于直线 $g(x)$ 要与 $f(x)=-x^2$ 的图象在区间 $\left[-\dfrac{1}{2},0\right]$ 上相交,所以 $g(x)$ 上必存在一点 Q 落在弧 OA 上。这样,函数 $g(x)$ 的图象就是直线段 PQ。

$-\dfrac{1}{2}a+b=g\left(-\dfrac{1}{2}\right)$,是直线段 PQ 在 $x=-\dfrac{1}{2}$ 处的值,也是

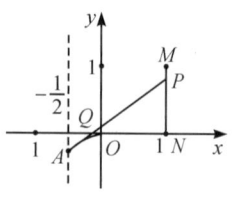

图1

直线段 PQ 延长与虚线 $x=-\dfrac{1}{2}$ 的交点的纵坐标.

由此可知:当动直线段 PQ 与 MO 重合时,$\left(-\dfrac{1}{2}a+b\right)_{\min}=-\dfrac{1}{2}$.

当动直线段 PQ 与 NO 重合时,$\left(-\dfrac{1}{2}a+b\right)_{\max}=0$.

师:本题充分运用了数形结合的直观想象,将"$a+b$""$-\dfrac{1}{2}a+b$"这些符号语言抽象出了其具有的几何意义,从而成功解决问题.

设计意图 教师适时地对本题进行分析,学生反思例 2 中所学的方法和技巧,找到解决此类问题的关键点:(1)为何要将方程拆分？(2)为什么要这样拆分？

(五)归纳小结,延伸课堂

教师与学生一起回顾本节课所学的主要内容,并请学生尝试回答以下问题:本节课你有什么收获？你还有什么疑惑？

设计意图 通过对本节课教学过程的回顾和解题方法的总结,体验数形结合在解决问题中的重要作用,结合含有一个参数的一元二次方程和含有两个参数的一元二次方程的解题思维的异同点,反思此类问题的解题关键点,为今后涉及含有更多个参数的同类问题提供解题思路.

七、课后作业

(一)基础性作业

1.已知 $a,b\in\mathbf{R}$,且 $0\leqslant a+b\leqslant 1$,方程 $x^2+ax+b=0$ 在区间 $\left[-\dfrac{1}{2},0\right]$ 上至少存在一个实根,则实数 $a-2b$ 的最小值是_____,最大值是_____.

2.已知 $a,b\in\mathbf{R}$,且 $0\leqslant -a+b\leqslant 1$,方程 $x^2+ax+b=0$ 在区间 $\left[-\dfrac{1}{2},0\right]$ 上至少存在一个实根,则实数 $-\dfrac{1}{2}a+b$ 的最小值是_____,最大值是_____.

(二)反思性作业

3.你能对例 3 进行适当改编,并给出解答吗？

设计意图 让学生自行改编,并给出解答.这样的设计,能够最大限度地发挥学生的主观能动性,更深刻地理解方程与函数的内在联系,培养学生数学抽象、逻辑推理、直观想象的能力,把数学的核心素养融入到课堂教学中去.

八、教学反思

本节课的教学设计和课堂实际操作主要是着力于创设提升学生数学抽象核心素养的教学情境.从初高中的衔接知识点入手,学生全程参与合作交流,经历了从特殊到一般,从直观到抽象的数学思维过程.课堂上例题的设计起点比较低,从学生熟悉的一元二次方程根的分布问题入手,归纳出两种常见的方法:公式法和转化为函数图象解交点法.这样设计能让所有的学生在原有的知识体系下,迅速进入该问题的情境中;然后通过对方程的不同形式的拆分,寻求最佳的处理方式.学生能够慢慢体会该问题的几何背景,逐步抽象出合理的数学模型.在课后作业部分,学生通过反思学习过程和解题方法,自由改编题目并作答,最大限度地发挥自主创新能力.

总而言之,整个课堂设计能够圆满地完成预期的教学计划,达到提升学生数学抽象等核心素养的教学目标.

第五辑 探究课

运用导数研究函数的单调性

台州市路桥中学 朱映颖

一、教学内容

本节课的内容取自人教 A 版普通高中数学教科书(选择性必修·第二册)第五章《一元函数的导数及其应用》第三节《导数在研究函数中的应用》. 导数是微积分的核心内容,是现代数学的基本概念,定量地刻画了函数的局部变化,是研究函数增减、变化快慢、最大(小)值等性质的基本方法,因而也是解决诸如增长率、效率、速度等实际问题的重要工具.

函数的单调性是函数最重要的性质. 在学习人教 A 版普通高中数学教科书(必修·第一册)时,教科书要求学生能借助图形语言、符号语言严格表述函数单调性的概念. 在学习具体函数,如幂函数、指数函数、对数函数及三角函数时,教科书也要求学生能够借助函数图象特征和单调性的定义来研究函数的单调性.

在学习了导数的概念及其意义、导数的运算之后,本节课将对导数的正负与函数的单调性之间的关系展开探究,为研究函数单调性提供更一般的方法,同时也为后续学习函数的极值、最值做铺垫,最终使得"函数单调性"这一主题得到优化整合.

二、教学目标

1. 从实际情境引入,借助几何直观,由物理背景出发,通过实例归纳得出函数的单调性与导数值的关系.

2. 理解并掌握利用导数判断函数单调性的方法,会用导数求函数单调区间.

3. 利用切线斜率与函数单调性之间的联系以及导数与函数单调性定义之间的联系,通过数形结合,深刻理解导数与函数单调性之间的密切关系.

4. 通过比较定义法与运用导数研究函数单调性这两种方法,体会导数在研究函数性质中的一般性,进一步认识函数是刻画客观事物变化的数学模型.

三、学情分析

经过高一一年数学必修内容的学习,学生已经初步掌握了高中数学的研究路径及方法,具备了一定的发现问题、提出问题、分析问题和解决问题的能力.

学生已经掌握了基本初等函数的图象特征和基本性质,也学习了导数的概念及其意义、导数的运算,已经具备运用导数探究函数单调性的知识储备.

四、教学重难点

1.教学重点:探究导数与函数单调性的关系.
2.教学难点:利用导数研究函数的单调性.

五、教学策略

本节课从实际情境出发,引导学生通过不断探究,挖掘知识点之间的内在联系,建构数学联想,逐步得出利用导数研究函数单调性的结论.

六、教学过程

(一)创设情境,提出课题

【引导语】前一阶段我们已经学习了导数的定义及其几何意义,那么导数有什么实际应用呢?今天我们一起来研究.

教师通过给学生观看运动员参加单板滑雪大跳台项目的视频片段,让学生观察他的运动状态.

生1:速度先变慢后变快.

生2:高度先升高后降低.

师:通过近似的计算,我们可以得到运动员的重心相对于落地点的高度h随时间t变化的函数,请大家画出这一图象.

【问题1】运动员从起跳点到到达最高点,以及从最高点到落地点这两段时间的运动状态发生了怎样的变化?

生:刚开始速度为正,运动员呈上升趋势,到达最高点之后速度为负,运动员呈下降趋势.

设计意图 从物理背景出发,设计合适情境,建立数学模型.从速度的正负解释运动员上升下降的状态变化,速度即为位移关于时间的导数,运动员上升下降的状态变化即为函数单调性的体现,让学生初步感知导数值与函数单调性之间的关系,引出本节课的课题.

(二)合作探究,归纳结论

【问题2】我们学习过哪些方法可以来判断函数的单调性?

生1:画图象.

生2:利用函数的定义判断.

师:请举出几个常见的函数,探究导数与函数单调性之间的联系(填写在下表中).

函数				
图象				
单调性				
导数值的正负				

(板书学生归纳的导数值正负与函数单调性关系的初步结论)

设计意图 激活学生已有认知,从熟悉的函数出发,结合图象与定义法写出常见函数的单调性;结合前面所学,分析导数值的正负情况,对比函数单调区间,初步归纳导数值的正负与函数单调性之间的关系.

(三)数形双向,验证归一

师:前面我们学习了用曲线上某点处的切线近似代替这一点附近的曲线,体会到了"以直代曲"思想在研究问题中的精妙之处,那么你能用这种思想来看待图象中上升或下降的趋势吗?

教师通过GGB软件展示情境中运动员重心相对于落地点的高度h随时间t变化的函数图象,在图象上任取一点,动态演示曲线上任意一点的切线的变化情况.

【问题3】 请大家观察一下,切线随着切点(也就是运动员的重心)位置的改变,发生了怎样的变化?

生:斜率先正后负.

师:(补充)当函数在该区间单调递增时,切线斜率为正;当函数在该区间单调递减时,切线斜率为负.

师:我们之前学过,切线的斜率与什么有关?

生:导数.

师:导数的几何意义是……

生:切线的斜率即为函数在该点处的导数.

师:这验证了我们刚才的猜想是对的,导数值的正负与函数的单调性有关.

设计意图 结合导数的几何意义,让学生从切线出发,结合几何直观验证猜想.

【问题4】 刚才我们从形上验证了我们的猜想,现在我们回归函数单调性的定义,能否从数上发现导数与函数单调性之间的关系?

师:我们要判断函数在某区间的单调性,其实我们需要判断的是$f(x_1)-f(x_2)$的符号,我们把这个形式变形,记为$\dfrac{f(x_1)-f(x_2)}{x_1-x_2}$,若函数在该区间上单调递增,则结果为……

生：大于 0.

师：即函数值的改变量与自变量的改变量的比值……

生：大于 0.

师：那么当函数在该区间上单调递减时，$\dfrac{f(x_1)-f(x_2)}{x_1-x_2}$……

生：小于 0.

师：即函数值的改变量与自变量的改变量的比值……

生：小于 0.

师：我们发现函数的单调性与这样的一个比值的符号有关，我们把这个比值叫做什么？

生：函数的平均变化率.

师：如果我们运用无限趋近的方式，对这个平均变化率取极限就会得到什么？

生：瞬时变化率.

师：瞬时变化率可以刻画函数在该点附近的变化情况，我们知道瞬时变化率又称为……

生：导数.

师：很好，我们从函数单调性的定义与导数的定义入手，又从数的角度发现导数的符号与函数的单调性之间存在着密切的联系.

师：我们再次总结一下导数与函数单调性之间的关系.

师：如果在该区间上恒有 $f'(x)=0$，则函数 $f(x)$ 有什么特性？

生：$f(x)$ 是常函数.

师：在前面已学习的几种方法的基础上，我们又多了一种判断函数单调性的工具，我们可以通过导数的符号判断函数的单调性，它可以帮助我们研究更一般的函数的性质.

设计意图 通过几何直观和函数单调性的定义，在单元教学视域下，从"形"和"数"两方面充分感知导数与函数单调性之间的关系，让学生理解导数就是刻画函数在某一点的变化状态.

(四)运用新知，深化理解

【例 1】利用导数求函数 $f(x)=2x^3-6x^2+7$ 的单调区间.

师：接下来我们尝试解决一个三次函数的单调区间，请看例 1，大家会选择用哪种方法来解决呢？

生：导数法.

师：为什么呢？

生：图象不好画，定义法比较麻烦.

教师引导学生初步归纳利用导数判断函数单调性的步骤:

(1)求函数 $f(x)$ 的导数 $f'(x)$.

(2)解不等式 $f'(x)>0$ 或 $f'(x)<0$.

(3)下结论,确定函数的单调区间.

【问题 5】 能否根据函数的单调区间,画出它的大致形状?

教师通过 GGB 软件验证图象,通过取导数点,动态生成导函数图象,让学生再次感受导数正负与函数单调性之间的关系.对比函数和导函数的图象,学生可以加深巩固导函数的正、负与原函数图象的增、减之间的关系.

【例 2】 证明:函数 $f(x)=\sin x-x$ 在区间 $(0,\pi)$ 上是减函数.

设计意图 从三次函数的单调性到三角函数的单调性,拓广应用,让学生感受到导数法更具有一般性.

(五)课堂练习

1.利用导数求函数 $f(x)=\dfrac{1}{2}x^2+x-2\ln x$ 的单调区间.

2.已知函数 $f(x)=\dfrac{1}{2}x^2-(a+1)x+a\ln x$,讨论函数 $f(x)$ 的单调性.

设计意图 经过两道例题的演练展示,在课堂上留给学生练习的机会.学生的确会在对数函数上犯错,主要原因是忽略了定义域.给学生试错的机会,让学生加深在研究函数之前应当关注定义域的印象,完善用导数法求函数单调区间的步骤.

(六)总结提升,完善建构

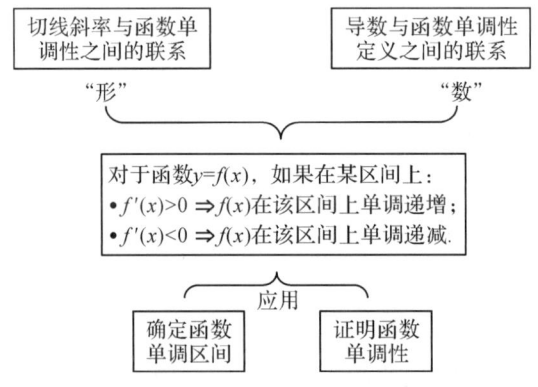

图1 导数与函数单调性的关系

七、课后作业

(一)基础性作业

1. 完成教科书(选择性必修·第二册)第87页练习中第1～3题.

2. 如果函数 $f(x)$ 在某区间上单调递增,那么在该区间上必有 $f'(x)>0$ 吗?

(二)反思性作业

3. 设 $x>0$, $f(x)=\ln x$, $g(x)=1-\dfrac{1}{x}$,两个函数的图象如图 2 所示,它们在 $(0,+\infty)$ 上均单调递增,如何判断 $f(x)$,$g(x)$ 的图象与 C_1,C_2 之间的对应关系.

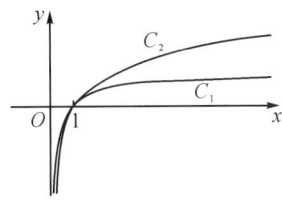

图 2

八、教学反思

(一)学生的研究力仍有待发掘

在高一一年的高中数学学习过程中,学生已具有一定的探究能力.本节课建立在学生对导数以及函数单调性都有一定理解的基础上,虽仍有抽象概括的难度,但也应留出更多的时间,让学生自主地从情境中发现问题、提出问题、分析问题及解决问题.显然教师在教学中仍具有一些局限性,对于学生所提出的问题,未深入思考他为什么这么想,他这么想的合理性在哪里,是否有继续挖掘的必要,导致课堂反被情境所牵制.

(二)学生的单元域视角有待提升

史宁中先生曾说,开展基于核心素养的教学,应当把一些具有逻辑联系的知识点放在一起进行整体设计.基于数学的整体性思想,本节课围绕着对"函数的单调性"这一主题的渗透与融汇,充分考虑让学生在回顾旧知中,自主构建新知框架,承前启后,深刻认识到函数是刻画变化的数学模型.但在课堂中,学生对前面知识的遗忘度比较高,说明在原来的学习过程中,打下的基础不够扎实,在实践中深化认知的教学环节明显不足.学生对于数学学习的整体感与综合感不强,从单元域的视角认识数学知识,建立知识间的内在联系的能力有待提高.

(三)教师自身的数学素养有待提高

张奠宙先生认为,数学教学设计的核心是如何体现"数学的本质","返璞归真",呈现数学特有的"教育形态",使得学生高效率、高质量地领会和体验数学的价值和魅力.站得高才能看得远,课堂教学亦是如此.只有对知识有深层次的理解,才能以小见大,抓住问题本质,回归数学本源.作为学生探究学习中的引路者,教师应帮助学生建立知识框架,体会知识间的相互关联,从而进一步提升自身的数学核心素养.

探究函数 $f(x)=x+\dfrac{1}{x}$ 的图象与性质

天台中学　姚才镇

一、教学内容

本节课的内容取自人教 A 版普通高中数学教科书(必修·第一册)第三章中的"探究与发现". 数学探究是在学生主动参与的前提下,根据他们自己的猜想和假设,运用数学方法对问题进行研究,在研究过程中获得能力、提升素养、发展思维、构建知识的一种学习方式. 本节课是学生进入高中阶段后的第一次数学探究活动. 教材直接呈现了紧密相连、逐层递进的 7 个探究问题,这为教学提供了广阔的创意空间. 函数 $f(x)=x+\dfrac{1}{x}$ 是两个幂函数的"函数和",它是一个典型的函数模型,其图象与性质在现实生活中有着广泛的应用.

新版教材设置"探究与发现"栏目,是实现数学建模和数学探究活动的一个窗口,而选择"探究函数 $f(x)=x+\dfrac{1}{x}$ 的图象与性质"这个素材又契合了函数的主题. 这部分内容上承函数的图象、函数的性质、幂函数等,能有效补充学生对之前相关内容认识的不足,比如突破只由函数图象观察性质的模式,采用从性质到图象,再由图象到性质相结合的研究模式. 这样的探究课可以培养学生数学整体性意识与创新性思维,教会学生探究的方法,并让他们体会探究的乐趣,逐步养成自我探究的习惯,进而提高探究的能力.

笔者将用 1 课时带领学生探究函数 $f(x)=x+\dfrac{1}{x}$ 的图象与性质.

二、教学目标

1. 通过对函数 $y=x$ 与 $y=\dfrac{1}{x}$ 图象与性质的回顾,归纳研究函数图象的一般方法,体会数形结合的思想.

2. 根据研究函数性质的一般步骤,归纳探究函数 $f(x)=x+\dfrac{1}{x}$ 的性质,通过证明结论,发展数学推理能力.

3.学生通过对函数$f(x)=x+\dfrac{1}{x}$图象与性质的探究,体会探究活动的价值、合作交流的意义,进一步提高逻辑推理能力,发展直观想象、数学运算、逻辑推理等数学核心素养.

三、学情分析

在初中阶段,学生已经了解函数是解决实际问题的重要模型.到高中,学生已经学习了函数的概念和性质,以及幂函数和基本不等式等,能利用定义来研究函数的单调性,也会初步研究函数的奇偶性、最值等,具备了进一步探究函数$f(x)=x+\dfrac{1}{x}$的图象与性质的能力.在此基础上,学生初步形成了通过"图象视角"和"运算视角"分析数学问题的习惯.

学生对于两个或多个函数相加所得的新函数接触不多,理解不足,表现为对这样的新函数的图象和性质的探究意识不强,自主探究能力不高.大部分学生缺乏自主发现问题和提出问题的意识.

四、教学重难点

1.教学重点:探究函数$f(x)=x+\dfrac{1}{x}$的图象和性质,找到研究一个函数的一般方法.

2.教学难点:找到一个新函数的研究视角,确定单调性的"分界点",分析函数的图象及变化趋势.

五、教学策略

本节课以实际问题为背景来引入探究主题,引导学生体会研究对勾函数的必要性;应用问题探究式教学方式,提出具有启发性的问题,引导学生有逻辑、有脉络地进行探究学习,让学生充分参与获取知识的实践活动,特别是对函数$f(x)=x+\dfrac{1}{x}$图象的探究开展深度学习.

六、教学过程

(一)创设情境,提出问题

教师课前播放短视频,让学生了解我国很多地方缺电,尤其是东北地区.国家电网打算开发太阳能,帮助有关地区渡过难关.

【问题1】国家电网为了开发太阳能,计划在西部平坦的戈壁上建造一个占地面积达 $1km^2$ 的长方形太阳能发电厂,由于受到某种客观条件限制,需要修建围墙,并且长方形围墙的长在 $1.5km$ 到 $2km$ 之间.为了缩减成本,要怎样设计才能使长方形围墙的长与宽之和最短?

学生独立思考、作答.经全班交流,教师引出函数 $f(x)=x+\dfrac{1}{x}, x\in[1.5,2]$.

【追问1】对于函数 $f(x)=x+\dfrac{1}{x}, x\in[1.5,2]$,当 x 取什么值时,$f(x)$ 有最小值?你能猜出它是多少吗?

学生先独立思考、作答,再全班交流.学生一开始可能会回答当 $x=1$ 时,$f(x)$ 有最小值,经过思考发现这个函数在 $x=1$ 处没有定义.由此教师可以引导学生思考这个函数更深入的性质.学生可能猜出在 $x=1.5$ 处有最小值,但是不太清楚为什么.教师趁机引出研究的必要性,提示学生,不仅仅要解决这个实际问题,还要研究函数 $f(x)$ 在整个定义域上是怎样的,引出本节课的课题.

设计意图 从实际问题引入函数模型,引起学生对研究函数 $f(x)=x+\dfrac{1}{x}$ 的兴趣,激发学生的探究欲望.先让学生猜想函数 $f(x)$ 的最小值,在给出答案的同时已经利用了函数 $f(x)$ 在 $[1.5,2]$ 上的 1 个性质,引发学生进一步思考.如果提出更多关于这个函数的问题,就必须研究这个函数更多的性质,把这个函数的整体性质研究清楚,说明研究的必要性.

(二)探究思考,形成新知

【问题2】面对新函数 $f(x)=x+\dfrac{1}{x}$,你认为可以从哪些方面进行研究?

学生先独立思考、作答,再全班交流.教师可以适时引导.

师:由于函数描述的是两个变量之间的对应关系,所以我们通常从"形"和"数"两个方面去研究函数的图象与性质.具体来说,可以从定义域、值域、单调性、奇偶性、最值、函数图象等方面对该新函数进行研究,明确研究目标.

【问题3】你认为应该如何研究函数 $f(x)=x+\dfrac{1}{x}$?

学生先分组合作探究,再由小组代表到讲台分享,分享后师生共同总结.

生(第一小组):先画出函数的图象,再利用图象和解析式,讨论函数的值域、单调性、奇偶性等问题.

师:在初中,我们学习一类新的函数,一般都从函数的图象出发研究函数的性质,包括刚学习的幂函数,我们也是这样研究的.采用这种方法研究的前提是函数的图象可以通过列表、描点、连线画出来,而且点是比较容易选取的.

设计意图 通过呈现学生代表的想法,让同学们都知道研究一个函数的常规途径是先画图象,再研究性质;同时指出这种方法需要依赖图象,对图象的要求较高,前提是能够精准画图.

生(第二小组):我们可以通过分析函数的解析式,先对函数是否具有某种性质做出猜想,再通过逻辑推理证明这种猜想的正确性.比如,先研究函数的定义域、奇偶性、单调性、值域等性质,结合性质再研究函数的图象.

师:如果我们知道函数的奇偶性,画图时就只需要作出图象的一部分,利用对称性就可以画出另外一部分,这为研究图象提供很大的方便,再结合单调性等性质就可以确定函数的大致形状.但是在研究单调性时可能会碰到困难,用定义法判断其单调性时,需要知道分界点,这个分界点不太清楚.

设计意图 从性质出发研究函数图象,不失为一种新的研究模式,可突破常规研究.通过对函数性质的研究,可以更加准确地画出函数的图象,进而研究其他性质,同时也指出这种研究路径在研究函数单调性等性质时也有可能会碰到困难,从而为下面的探究指明方向,明确探究任务.

师:以上小组的研究路径能否结合一下?

生:从"几何思想"和"代数运算"两个视角,把不同的研究路径结合起来使用.

设计意图 让学生体会到可以从"数"和"形"两个方面对函数进行研究.引导学生选择合理的探究路径:先从解析式出发,研究函数 $f(x)=x+\dfrac{1}{x}$ 的定义域和奇偶性,再画函数的图象,通过作图,探究函数的单调性和图象变化趋势.

(三)探究 $f(x)=x+\dfrac{1}{x}$ 的图象与性质

【问题4】 请尝试猜想函数 $f(x)=x+\dfrac{1}{x}$ 具有哪些性质.哪些性质你能够证明,哪些性质你暂时还无法证明?

学生分组讨论,相互交流.教师必要时可引导:先对函数是否具有某种性质做出猜想,然后通过逻辑推理证明这种猜想的正确性,这是研究函数性质的一种常用的方法.

师:我们不妨从函数解析式出发,可分析出函数的定义域为 $\{x \mid x\neq 0\}$,由函数 $y=x$ 和 $y=\dfrac{1}{x}$ 都为奇函数,先猜想函数 $f(x)=x+\dfrac{1}{x}$ 为奇函数,然后证明.要猜想函数的单调性,一般的方法是通过观察图象,而函数图象的变化趋势还不清楚.我们可以先探究函数的图象,再研究函数的单调性.

设计意图 在问题3的基础上,追问学生该函数有哪些性质.在得到函数的定义域及其为奇函数两个性质后,试着去猜想函数的单调性,但是没有图象,不能直观地猜出."数缺形时少直观",从而引导学生先作出函数图象.

【问题5】你能画出函数 $f(x)=x+\dfrac{1}{x}$ 的图象吗?

学生在作图纸上画图,教师课堂巡视帮助有困难的学生,再进行全班交流互动.用投影仪展示3份学生的作品.

学生观察作品,有了发现后进行发言、讨论.师生一起进行总结,并结合图象猜想函数的性质,给出证明.

【追问1】在画函数 $f(x)=x+\dfrac{1}{x}$ 图象的过程中遇到什么困难?你们是怎样解决的?

【追问2】在列表—描点—连线环节中,怎么选择"点"以便作图?在列表环节中,自变量取1,2,3,4 是能自然想到的,如何选取区间(0,1)里的点呢?

x	...				1	2	3	4	...
$y=x+\dfrac{1}{x}$	...				$1+1$	$2+\dfrac{1}{2}$	$3+\dfrac{1}{3}$	$4+\dfrac{1}{4}$	...

生:第一个想到取 $\dfrac{1}{2}$,因为 $f\left(\dfrac{1}{2}\right)=\dfrac{1}{2}+2=f(2)$,第二个想到取 $\dfrac{1}{3}$,因为 $f\left(\dfrac{1}{3}\right)=\dfrac{1}{3}+3=f(3)$,继续完善以上过程就可以了.

师生共同探究,得到下表:

x	...	$\dfrac{1}{4}$	$\dfrac{1}{3}$	$\dfrac{1}{2}$	1	2	3	4	...
$y=x+\dfrac{1}{x}$	...	$\dfrac{1}{4}+4$	$\dfrac{1}{3}+3$	$\dfrac{1}{2}+2$	$1+1$	$2+\dfrac{1}{2}$	$3+\dfrac{1}{3}$	$4+\dfrac{1}{4}$	...

师:事实上,$\forall x_0 \neq 0, f(x_0) = x_0 + \dfrac{1}{x_0} = \dfrac{1}{x_0} + x_0 = f\left(\dfrac{1}{x_0}\right)$.根据这个原理,在区间 $(0,1)$ 里,我们就可以取到想要的点来方便画图,还能做到多选取几点,使得画出来的图象比较准确.

设计意图 利用函数解析式特征,选取特殊的点,这样既可以避开盲目选点,又可以更加精准地作出函数的图象.本质上是借助数的分析,基于运算的视角研究问题.

【追问3】如果不列表你能画出函数 $f(x)$ 的图象吗?如何利用函数 $y=\dfrac{1}{x}$ 与 $y=x$ 的图象来探究新函数 $f(x)=x+\dfrac{1}{x}$ 的图象?

学生独立完成.教师通过GGB软件演示作图过程,呈现作图结果.

生:如图1,在 x 轴上任取一点 $P(x_0,0)(x_0 \neq 0)$,过点 P 作 x 轴的垂线,与函数 $y=\dfrac{1}{x}, y=x$ 的图象的交点分别记作 Q,R,把线段 PQ 平移至 RS 处,则点 S 的纵坐标就是

$x_0+\dfrac{1}{x_0}$. 这样,每一个点 P 就有其对应的点 S,由点 S 构成的轨迹就是函数 $f(x)=x+\dfrac{1}{x}$ 的图象(如图2).

师:事实上,在这个过程中,我们很好地借助了函数 $y=x$ 和 $y=\dfrac{1}{x}$ 的图象.

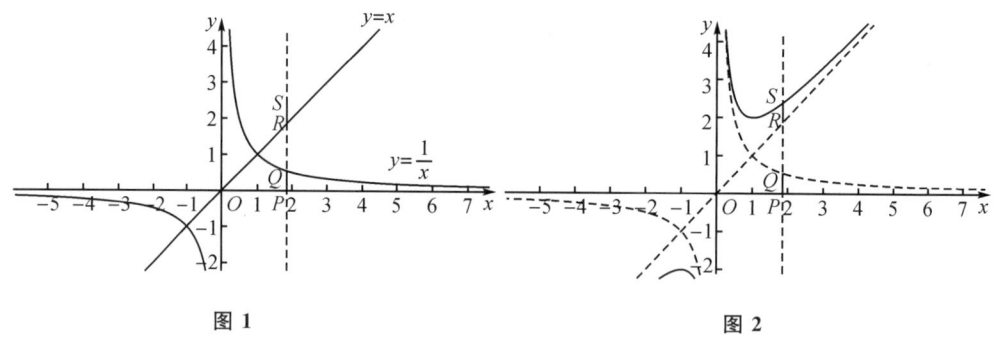

图1　　　　　　　　　图2

设计意图　通常会把画函数图象简单化为描点作图,通过追问3,借助函数 $y=x$ 和 $y=\dfrac{1}{x}$ 的图象来画出新函数 $f(x)=x+\dfrac{1}{x}$ 的图象,改变函数图象的作图方式.通过不同途径作图,可以增强学生对知识联系性的认识,从中也能深刻体会化归这种数学思想.

师:我们已经得到函数 $f(x)$ 的图象,根据图象你怎样得到函数 $f(x)$ 的其他性质呢?

学生自主发言,然后进行全班交流.教师引导学生观察图象,自主进行探究,先猜想出函数的单调性和值域,并能用代数运算说明理由.教师在单调性的分界点进行追问,如分界点为什么是 $(1,2)$,引导学生利用基本不等式和单调性的定义来说明.

生1(方法一):由基本不等式想到,当 $x>0$ 时,$x+\dfrac{1}{x}\geqslant 2\sqrt{x\cdot\dfrac{1}{x}}=2$,当且仅当 $x=\dfrac{1}{x}$,即 $x=1$ 时取得等号.

生2(方法二):可以用单调性的定义来证明 $f(x)=x+\dfrac{1}{x}$ 在区间 $(0,1)$ 上单调递减.

$\forall x_1,x_2\in(0,1)$,且 $x_1<x_2$,有 $f(x_1)-f(x_2)=\left(x_1+\dfrac{1}{x_1}\right)-\left(x_2+\dfrac{1}{x_2}\right)=(x_1-x_2)+\left(\dfrac{1}{x_1}-\dfrac{1}{x_2}\right)=\dfrac{x_1-x_2}{x_1x_2}(x_1x_2-1)$,

由 $x_1,x_2\in(0,1)$,得 $x_1x_2<1,x_1x_2-1<0$.

又由 $x_1<x_2$,得 $x_1-x_2<0$.

于是 $\dfrac{x_1-x_2}{x_1x_2}(x_1x_2-1)>0$,

所以 $f(x_1)-f(x_2)>0$,即 $f(x_1)>f(x_2)$.

所以 $f(x)=x+\dfrac{1}{x}$ 在区间 $(0,1)$ 上单调递减.

设计意图 准确地画出函数 $f(x)$ 的图象,结合图象能猜想出函数 $f(x)$ 的单调性,但是还需要证明.引导学生基于运算的角度去证明猜想,体会数形结合的数学思想.采用先猜再证的探究模式,符合学生的认知规律,可以培养学生发现问题和提出问题的能力,也有效突破了分界点这一难点.

【**追问 4**】 你能利用函数 $y=x$ 和函数 $y=\dfrac{1}{x}$ 的图象变化趋势说明函数 $f(x)=x+\dfrac{1}{x}$ 图象的变化趋势吗?

学生观察图象,合作交流.学生代表发言,得出以下结论:

在第一象限,函数 $f(x)=x+\dfrac{1}{x}$ 的图象在 $y=x$ 和 $y=\dfrac{1}{x}$ 图象的上方,

当 $x\to+\infty$ 时,$\dfrac{1}{x}\to 0$,函数 $f(x)=x+\dfrac{1}{x}$ 中,$y=x$ 起主导作用,图象无限接近直线 $y=x$;

当 $x\to 0$ 时,$\dfrac{1}{x}\to+\infty$,函数 $f(x)=x+\dfrac{1}{x}$ 中,$y=\dfrac{1}{x}$ 起主导作用,图象无限接近 y 轴.

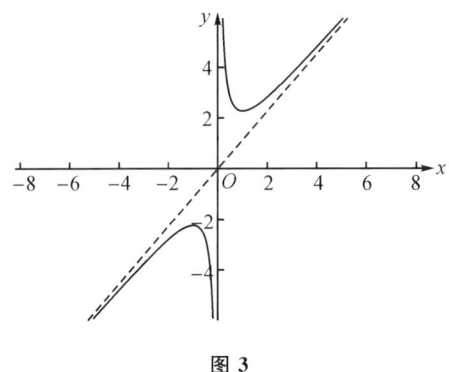

图 3

师:事实上,这里体现了直线 $y=x$ 和 y 轴为什么是函数 $f(x)$ 的渐近线.(适当的时候提出渐近线的概念:曲线上一点 M 沿曲线无限远离原点或无限接近间断点时,如果点 M 到一条直线的距离无限趋近于零,那么这条直线称为这条曲线的渐近线)

师生一起总结函数 $f(x)$ 的图象与性质,提出画图象要抓住几个关键点,如先画渐近线等.教师点评并板书单调性、值域、渐近线等内容.

设计意图 整体感知函数的变化趋势,基于极限的思想看问题.可以引入渐近线的概念,并引导学生借助数的分析,说明形的变化,进一步体会数形结合的思想.

(四)学以致用,类比探究

【**问题 6**】 本节课的研究对象是从实际问题中抽象得到的,也可看成是由两个最简单的幂函数相加得到的函数.类似地,你能提出新的函数吗?如何研究它的性质,并较为准确地作出这个新函数的图象.

学生分小组合作探究,并写出新函数的性质,画出新函数的图象.教师可以让学生

上台板书,组织全班交流,也可以通过投屏多展示几位学生的探究结果.

设计意图 通过设置开放性问题,检测学生学习掌握情况,让学生积极参与探究,尝试自主提出问题和分析问题,更加明晰研究一个新函数的研究路径和研究方法.

(五)课堂小结,形成结构

【问题7】 回顾本节课的学习过程,回答下列问题:

(1)结合本节课的学习过程,你对函数 $f(x)$ 图象与性质的研究内容和方法有怎样的体会?

(2)你有什么新的发现?

学生先独立思考、作答,再进行全班交流,尝试提出新的问题.教师和学生互动,点评后进行总结.

师:在探究过程中,大家很好地借助了函数 $y=x$ 和 $y=\dfrac{1}{x}$ 解析式以及图象的特征.要研究一个新的函数,通常转化到已经学过的函数上来,体现了把未知转化为已知的化归思想.回顾探究过程,先从解析式出发,研究了函数 $f(x)=x+\dfrac{1}{x}$ 的定义域和奇偶性,再结合定义域和奇偶性去画函数 $f(x)$ 的图象.在选取点时,经过分析,借助解析式特征去选点,可以方便、有效地画出函数 $f(x)$ 的图象,还可以分析图象的变化趋势.在画出图象后,我们借助函数 $f(x)$ 的图象猜想出其单调性和值域,通过图象可以得到函数 $f(x)$ 的其他性质,根据基本不等式或者单调性定义给出了严谨的证明.整个过程充分体现了数形结合的思想方法.正如华罗庚说的,数缺形时少直观,形少数时难入微.

设计意图 从结构化、联系性等角度归纳总结本节探究课的学习内容,进一步认识研究一个新函数的研究内容、过程和方法,突出新函数和原来函数的内在关联,渗透化归思想,强调基于"数"和"形"两个角度探究函数的图象和性质.

七、课后作业

(一)基础性作业

1.求函数 $f(x)=x+\dfrac{1}{x}$ 在区间 $[1.5,2]$ 上的值域.

【变式】 求函数 $f(x)=x+\dfrac{1}{x}$ 在区间 $\left[\dfrac{1}{3},2\right]$ 上的值域.

(二)反思性作业

2.结合今天所学内容,你能探究以下函数的图象和性质吗?

(1)$y=x-\dfrac{1}{x}$. (2)$y=x^2+\dfrac{1}{x^2}$.

3.已知 $f(x)=$ _____（ ）_____（括号中可以填"＋""－""×""÷"）,请同学们在横线上填入两个关于 x 的表达式得到一个新的函数 $f(x)$.如何研究它的性质,并较为准确地作出这个新函数的图象呢?

设计意图　题1检测学生对对勾函数性质的掌握情况.题2和题3考查研究一个新函数的方法,引导学生发现问题和提出问题.

八、教学反思

(一)精准定位,精心架设

知识的获得、能力的提升、素养的养成有赖于主体的实践、感悟、反思和内化,而不是依靠外部的传递和灌输.作为一节探究课,本课不仅仅是教知识,更重要的是教学生学习的方法,着重定位于如何确定研究对象、如何确定研究内容与研究路径.基于以上思考,笔者设置了一系列问题串,通过问题引领学生思考,让问题引领学生探索.

本课所设计的开放性探究活动,能让学生即学即用;设置的层级作业,能让学生进行反思.

(二)从授之以"鱼",到授之以"渔"

数学教学要把"研究数学对象的基本套路"作为核心目标之一,即通过学习,让学生掌握研究、解决这一类问题的基本思维路径和基本操作方法.本节课学习之初,学生对于一个新函数的认识还是习惯于从直观到抽象,即从"列表—描点—连线"构建图象,通过直观感知了解函数的性质.这样从局部到整体的研究,是粗糙的、盲目的.笔者通过引领学生自主探索,发现传统方法的弊端,结合函数的性质可以更好地把握函数的整体性质.通过从函数的解析式入手研究函数的性质,学生能对函数有个整体的认知、初步的感觉.数形结合,事半功倍,学生较为精准地勾勒出函数的图象,从而掌握研究一个新函数的视角.另外,从函数的生成看,函数 $f(x)=x+\dfrac{1}{x}$ 是由函数 $f(x)=x$ 和函数 $f(x)=\dfrac{1}{x}$ 生成,那么新函数与这两个函数有什么联系呢?这为函数图象的绘制开辟新视角,为函数图象的生成寻求"数"的解析,让学生对数学认知从冲突中领悟,从经历中体验.

(三)探究充分,生成自然

新课程理念强调过程性体验学习的重要性.因此,让学生充分探究,让学生在探究中"摸着石子过河",这一强烈的过程性体验必将给学生留下深刻的印象.在本课中,学生经历研究、分享、探索、自我认知、他人评价等环节,利于新观点、新认知的形成.学生也能自主提出一些问题,并用自己得到的方法去探索、研究、认知.另外,在学生探究函数图象的过程中,教师能充分地展示学生的成果,机智地抓住学生所暴露出的问题,以此为契机层层递进设问,准确点评,从而高效地解决问题.

"一类数列和式放缩"的探究

浙江省台州中学　潘加正

一、教学内容

数列求和问题是高中数学的重点内容之一.需要放缩求和的数列问题对学生来说是难点,怎样选择适当的解题策略和方法才能达到事半功倍的效果？纵观各类试题,数列求和问题形式多变,设问灵活,极具综合性.试题突出基础性、综合性、应用性、创新性的同时,注重考查逻辑推理、数学运算等核心素养,体现分析和解决问题的数学思维方式.本节课通过探究"一类数列和式放缩"的几种方法,为高考备考复习提供一种思路.

二、教学目标

1.通过解决一类数列和式问题,逐步建立、优化得出放缩的模型与方法.

2.发现问题,主动分析,寻求解决办法,并逐步优化放缩策略,从而提升数学抽象和逻辑推理等核心素养.

三、学情分析

数列与不等式的结合是高中数学的重要内容之一,也是高考的难点.高三学生已经接触了无穷递缩正项等比数列的和收敛于 $\frac{a_1}{1-q}$.遇到不能求和的通项,但形式上与等比数列接近的数列和式不等式问题时,高三学生知道需要用不等式法将通项放缩到可求和的通项,他们心中跃跃欲试,但苦于找不到合适的放缩方法而举步维艰.围绕此难点,教师通过本节课与学生一起探究,寻找解决此类问题的有效途径.

四、教学重难点

1.教学重点:数列和式放缩及方法.

2.教学难点:逐步探究、改进放缩方法,得到合适的数列和式放缩的策略与方法.

五、教学策略

1.突出数学抽象、逻辑推理的过程:为使数学核心素养更好地融入课堂,本节课力求做到探究和反思共同进行.

2.加强反思意识:在教学中,不断反思问题,逐步归纳解题方法,并分析方法的优劣,从而不断改进方法.

3.采取启发式教学:利用问题链的形式,引导学生发现数列通项放缩的必要性,并积极反思如何进行放缩能更好地实现快速有效地求和,从而解决问题.

六、教学过程

【引导语】等差、等比数列求和可以用求和公式,大家都已经很熟悉了.那么如果遇到不能用公式求和的数列,研究其前 n 项和的不等关系,该如何解决呢?今天我们一起来探究一类数列和式问题.

(一)典例解析

【例1】已知数列 $\{a_n\}$ 满足 $a_n = \dfrac{1}{3^n-1}$,证明:$a_1+a_2+\cdots+a_n < \dfrac{11}{16}$.

师:数列 $\{a_n\}$ 是一个非等比数列,无法直接求和,所以要先将通项放大到能求和的数列.该怎么放大呢?

生:先将数列放大到等比数列,由糖水不等式得 $a_n = \dfrac{1}{3^n-1} < \dfrac{1+1}{3^n-1+1} = \dfrac{2}{3^n}$,记 $S_n = a_1+a_2+\cdots+a_n$.由于 $a_n = \dfrac{1}{3^n-1} > 0$,所以数列 $\{S_n\}$ 递增,要证原不等式,即证 $(S_n)_{\max} < \dfrac{11}{16}$.当 $n \geqslant 4$ 时,$S_n < \dfrac{1}{2}+\dfrac{1}{8}+\dfrac{1}{26}+\left(\dfrac{2}{3^4}+\cdots+\dfrac{2}{3^n}\right) < \dfrac{5}{8}+\dfrac{1}{26}+\dfrac{2}{3^4} \times \dfrac{1}{1-\dfrac{1}{3}} = \dfrac{5}{8}+\dfrac{1}{26}+\dfrac{1}{27}$.下证 $\dfrac{5}{8}+\dfrac{1}{26}+\dfrac{1}{27} < \dfrac{11}{16}$,即证 $\dfrac{1}{26}+\dfrac{1}{27} < \dfrac{1}{16}$,显然 $\dfrac{1}{26}+\dfrac{1}{27} > \dfrac{2}{27} > \dfrac{1}{16}$,这种放缩证明失败.

师:为什么这种放缩证明失败?从第4项开始放大,左边放太大了,也说明右边的常数 $\dfrac{11}{16}$ 与左边的 $(S_n)_{\max}$ 很接近,那么尝试从第6项开始放大.

生:当 $n \geqslant 6$ 时,$S_n < \dfrac{1}{2}+\dfrac{1}{8}+\dfrac{1}{26}+\dfrac{1}{80}+\dfrac{1}{242}+\left(\dfrac{2}{3^6}+\cdots+\dfrac{2}{3^n}\right)$

$< \dfrac{1}{2}+\dfrac{1}{8}+\dfrac{1}{26}+\dfrac{1}{80}+\dfrac{1}{242}+\dfrac{2}{3^6} \times \dfrac{1}{1-\dfrac{1}{3}} = \dfrac{1}{2}+\dfrac{1}{8}+\dfrac{1}{26}+\dfrac{1}{80}+\dfrac{1}{242}+\dfrac{1}{243}$.

下证 $\dfrac{1}{2}+\dfrac{1}{8}+\dfrac{1}{26}+\dfrac{1}{80}+\dfrac{1}{242}+\dfrac{1}{243} < \dfrac{11}{16}$,即证 $\dfrac{1}{26}+\dfrac{1}{242}+\dfrac{1}{243} < \dfrac{11}{16}-\dfrac{1}{2}-\dfrac{1}{8}-\dfrac{1}{80} = \dfrac{1}{20}$,

显然 $\dfrac{1}{26}+\dfrac{1}{242}+\dfrac{1}{243} < \dfrac{1}{26}+\dfrac{1}{242}+\dfrac{1}{242} = \dfrac{1}{26}+\dfrac{1}{121}$,

下证 $\dfrac{1}{26}+\dfrac{1}{121} < \dfrac{1}{20}$,即证 $\dfrac{1}{121} < \dfrac{1}{20}-\dfrac{1}{26} = \dfrac{6}{520}$,即证 $520 < 726$,此不等式显然成立.

又 $1\leqslant n\leqslant 5$, $S_n<\dfrac{11}{16}$ 经计算成立,所以原不等式 $a_1+a_2+\cdots+a_n<\dfrac{11}{16}$ 得证.

师:这位同学利用糖水不等式,先将不能求和的通项 $a_n=\dfrac{1}{3^n-1}$ 放大到一个无穷递缩等比数列,该等比数列的和有上限.但是一开始没控制放缩的误差,导致证明失败,若从第 6 项开始放大,原不等式得证.

设计意图 若直接对通项 $a_n=\dfrac{1}{3^n-1}$ 的数列求和,会陷入"僵局",需要学生发挥创造力和想象力,构造不等式.后面涉及具体的多个分式和比大小,需适当用局部放缩法快速有效地否定和肯定.解决此题显然需要较高的技巧,旨在激发学生分析和解决问题的综合能力.

师:以上解法的本质是将已知非等比数列 $a_n=\dfrac{1}{3^n-1}$,从第 6 项开始放大到一个等比数列 $b_n=\dfrac{2}{3^n}$(其中数列 $\{a_n\}$ 前 5 项不变).同学们,请问能否用待定系数法直接构造此等比数列?显然,此等比数列的公比应该是 $\dfrac{1}{3}$.

生:可以用待定系数法直接将数列放大到某个等比数列,令 $a_n=\dfrac{1}{3^n-1}\leqslant\dfrac{\lambda}{3^n}$,所以 $\lambda\geqslant\dfrac{3^n}{3^n-1}=1+\dfrac{1}{3^n-1}$ 恒成立,若此不等式从 $n=1$ 开始成立,则 $\lambda\geqslant\dfrac{3}{2}$. 取 λ 最小值 $\dfrac{3}{2}$,即 $a_n=\dfrac{1}{3^n-1}\leqslant\dfrac{1}{2\cdot 3^{n-1}}$,此时 $S_n<\dfrac{1}{2}+\dfrac{1}{2\times 3}+\cdots+\dfrac{1}{2\times 3^{n-1}}<\dfrac{\frac{1}{2}}{1-\frac{1}{3}}=\dfrac{3}{4}$,显然 $\dfrac{3}{4}>\dfrac{11}{16}$,这种放缩证明失败.

若此不等式从 $n=2$ 开始成立,则 $\lambda\geqslant\dfrac{9}{8}$. 取 λ 最小值 $\dfrac{9}{8}$,即 $a_n=\dfrac{1}{3^n-1}\leqslant\dfrac{1}{8\cdot 3^{n-2}}$,此时 $n\geqslant 2$, $S_n\leqslant\dfrac{1}{2}+\left(\dfrac{1}{8}+\dfrac{1}{8\times 3}+\cdots+\dfrac{1}{8\times 3^{n-2}}\right)<\dfrac{1}{2}+\dfrac{\frac{1}{8}}{1-\frac{1}{3}}=\dfrac{1}{2}+\dfrac{3}{16}=\dfrac{11}{16}$,显然 $S_n<\dfrac{11}{16}$,又 $S_1=\dfrac{1}{2}<\dfrac{11}{16}$,所以 $n\in\mathbf{N}_+$, $S_n<\dfrac{11}{16}$ 成立. 这种放缩证明成功.

师:利用待定系数法得到的不等式,先将不能求和的通项 $a_n=\dfrac{1}{3^n-1}$ 放大到一个无穷递缩等比数列 $c_n=\dfrac{1}{8\cdot 3^{n-2}}$ $(n\geqslant 2)$. 需要注意的是,如果按第一项开始放大,此时系数由本来的 $\lambda=\dfrac{9}{8}$ 变成 $\lambda=\dfrac{3}{2}$,显然导致每项都放得太大,放缩证明失败.

设计意图 学会用待定系数法直接构造等比数列,从通项入手,利用不等式恒成立求得合适的系数,将不能求和的数列和式转化为无穷递缩等比数列的和,从而证得不等式.

师:这个解法的本质是将非等比数列 $a_n = \dfrac{1}{3^n - 1}$ 用它的上限等比数列 $c_n = \dfrac{1}{8 \cdot 3^{n-2}}$ 限制住. 数列 $\{c_n\}$ 是无穷递缩等比数列,是收敛的,说明数列 $\{a_n\}$ 也是一个收敛数列,那我们可以尝试研究 $\{a_n\}$ 本身的递缩比吗? 如何研究?

生:可以的. 因为 $\dfrac{a_{n+1}}{a_n} = \dfrac{3^n - 1}{3^{n+1} - 1} < \dfrac{3^n - 1}{3^{n+1} - 3} = \dfrac{1}{3}$.

所以 $n \geqslant 2$,$S_n = a_1 + a_2 + \cdots + a_n = \dfrac{1}{2} + \dfrac{1}{8} + \dfrac{1}{26} + \cdots + \dfrac{1}{3^n - 1} < \dfrac{1}{2} + \dfrac{1}{8}\left(1 + \dfrac{1}{3} + \cdots + \dfrac{1}{3^{n-2}}\right) < \dfrac{1}{2} + \dfrac{1}{8} \cdot \dfrac{1}{1 - \dfrac{1}{3}} = \dfrac{1}{2} + \dfrac{3}{16} = \dfrac{11}{16}$.

又 $S_1 = \dfrac{1}{2} < \dfrac{11}{16}$,所以 $n \in \mathbf{N}_+$,$S_n < \dfrac{11}{16}$ 成立. 这种放缩证明成功.

设计意图 让学生学会从通项入手,研究其内在的收敛性. 求出递缩比,学会递缩比法.

【**例2**】已知数列 $\{a_n\}$ 满足 $a_n = \dfrac{1}{3^n - (-1)^n}$,证明:$a_1 + a_2 + \cdots + a_n < \dfrac{7}{16}$.

师:根据例1的解析和总结,经类比,如何证明本题呢?

生:我用待定系数法可以来证明.

令 $a_n = \dfrac{1}{3^n - (-1)^n} \leqslant \dfrac{\lambda}{3^n}$,所以 $\lambda \geqslant \dfrac{3^n}{3^n - (-1)^n} = \left[\dfrac{1}{1 - \dfrac{(-1)^n}{3^n}}\right]_{\max}$.

取 $n = 2$,则 $\lambda \geqslant \dfrac{9}{8}$,所以 $a_n = \dfrac{1}{3^n - (-1)^n} \leqslant \dfrac{9}{8} \times \dfrac{1}{3^n}$.

当 $n \geqslant 2$,$a_1 + a_2 + \cdots + a_n \leqslant \dfrac{1}{4} + \dfrac{1}{8}\left(1 + \dfrac{1}{3} + \cdots + \dfrac{1}{3^{n-2}}\right) < \dfrac{1}{4} + \dfrac{1}{8} \times \dfrac{1}{1 - \dfrac{1}{3}} = \dfrac{1}{4} + \dfrac{3}{16} = \dfrac{7}{16}$. 又 $a_1 = \dfrac{1}{4} < \dfrac{7}{16}$,综上:$n \in \mathbf{N}_+$,$a_1 + a_2 + \cdots + a_n < \dfrac{7}{16}$.

生:我用递缩比法来解,感觉不可以证明.

因为 $\dfrac{a_{n+1}}{a_n} = \dfrac{3^n - (-1)^n}{3^{n+1} - (-1)^{n+1}} = \dfrac{1 - \dfrac{(-1)^n}{3^n}}{3 + \dfrac{(-1)^n}{3^n}}$. 当 n 为偶数时,$\dfrac{a_{n+1}}{a_n} < \dfrac{1}{3}$;当 n 为奇数时,$\dfrac{a_{n+1}}{a_n} > \dfrac{1}{3}$.

师:用递缩比法来解为什么行不通? 原因是有符号函数 $(-1)^n$ 存在,使得递缩比在 $\dfrac{1}{3}$ 附近摆动,那我们怎么能去掉符号函数 $(-1)^n$?

生:利用不等式$-1\leqslant(-1)^n\leqslant 1$.

师:此不等式的一般意义是什么呢?(推广到更一般的正负项的和放缩)

生1:$-(|a_1|+|a_2|+\cdots+|a_n|)\leqslant a_1+a_2+\cdots+a_n\leqslant|a_1|+|a_2|+\cdots+|a_n|$.

生2:我知道该怎么证明例2了!当$n=1$时,$S_1=\dfrac{1}{4}<\dfrac{7}{16}$成立.

当$n\geqslant 2$时,$S_n=a_1+a_2+\cdots+a_n=\dfrac{1}{4}+\left[\dfrac{1}{3^2-1}+\dfrac{1}{3^3+1}+\dfrac{1}{3^4-1}+\cdots+\dfrac{1}{3^n-(-1)^n}\right]$

$\leqslant\dfrac{1}{4}+\left(\dfrac{1}{3^2-1}+\dfrac{1}{3^3-1}+\dfrac{1}{3^4-1}+\cdots+\dfrac{1}{3^n-1}\right)$.

由例1知$\dfrac{1}{3-1}+\dfrac{1}{3^2-1}+\dfrac{1}{3^3-1}+\cdots+\dfrac{1}{3^n-1}<\dfrac{11}{16}$.

所以$\dfrac{1}{3^2-1}+\dfrac{1}{3^3-1}+\cdots+\dfrac{1}{3^n-1}<\dfrac{11}{16}-\dfrac{1}{2}=\dfrac{3}{16}$.所以当$n\geqslant 2$时,$S_n<\dfrac{1}{4}+\dfrac{3}{16}=\dfrac{7}{16}$.

综上:$n\in\mathbf{N}_+$,$S_n<\dfrac{7}{16}$.

师:假如我们不考虑去掉符号函数$(-1)^n$,而是根据奇偶性一正一负得到数列的项,那接下来该如何操作呢?

生:可以考虑先并项,再适当放大通项到一个等比数列.

因为$a_{2k-1}+a_{2k}=\dfrac{1}{3^{2k-1}+1}+\dfrac{1}{3^{2k}-1}=\dfrac{3^{2k}+3^{2k-1}}{3^{4k-1}+3^{2k}-3^{2k-1}-1}=\dfrac{3+1}{3^{2k}+3-1-\dfrac{1}{3^{2k-1}}}<$

$\dfrac{4}{3^{2k}}$.考虑前几项放大误差较大,单独验证$a_1=\dfrac{1}{4}<\dfrac{7}{16}$,$a_1+a_2=\dfrac{1}{4}+\dfrac{1}{8}<\dfrac{7}{16}$,$a_1+a_2+a_3$

$=\dfrac{1}{4}+\dfrac{1}{8}+\dfrac{1}{28}<\dfrac{7}{16}$.所以当$n\leqslant 3$时,不等式$a_1+a_2+\cdots+a_n<\dfrac{7}{16}$均成立.

当$n\geqslant 4$,且n为偶数时,$(a_1+a_2)+(a_3+a_4)+\cdots+(a_{n-1}+a_n)<\left(\dfrac{1}{4}+\dfrac{1}{8}\right)+$

$\left(\dfrac{4}{3^4}+\dfrac{4}{3^6}+\cdots+\dfrac{4}{3^n}\right)<\left(\dfrac{1}{4}+\dfrac{1}{8}\right)+\dfrac{4}{3^4}\cdot\dfrac{1}{1-\dfrac{1}{3^2}}=\dfrac{3}{8}+\dfrac{1}{18}<\dfrac{7}{16}$.

当$n\geqslant 4$,且n为奇数时,$a_{n+1}>0$,所以$a_1+a_2+\cdots+a_n<a_1+a_2+\cdots+a_n+a_{n+1}$

$<\dfrac{7}{16}$.

综上:$n\in\mathbf{N}_+$,$a_1+a_2+\cdots+a_n<\dfrac{7}{16}$.

师:大家证得非常好,这道数列和的不等式的证明,有的同学用了待定系数法;对于存在符号函数$(-1)^n$的数列,有的同学用了绝对值不等式放缩和并项与求和放缩来证明.

(二)课堂练习

已知数列 $\{a_n\}$ 满足 $a_{2n-1}=3^{n-1}, a_{2n}=n(n\in \mathbf{N}_+)$.

(1)求证：$\dfrac{1}{a_1 a_2}+\dfrac{1}{a_3 a_4}+\cdots+\dfrac{1}{a_{2n-1}a_{2n}}<\dfrac{11}{9}$.

(2)记 $f(x)=\begin{cases}1(x>0),\\0(x=0),\\-1(x<0),\end{cases}$ $S_n=\dfrac{f(\sin 2)}{a_1 a_2}+\dfrac{f(\sin 3)}{a_3 a_4}+\dfrac{f(\sin 4)}{a_5 a_6}+\cdots+\dfrac{f[\sin(n+1)]}{a_{2n-1}a_{2n}}$,

求证：$1\leqslant S_n\leqslant \dfrac{7}{6}(n\in \mathbf{N}_+)$.

学生通过思考自主答题. 教师让做好的学生在黑板上板演.

(三)课堂小结

教师与学生一起回顾本节课所学的主要内容,并请学生回答以下问题:
(1)数列和式放缩证明数列和式不等式问题的步骤和注意点是什么？
(2)谈谈本节课的收获.

师生讨论,不断反思得出：数列中有很多和式不等式问题,其中一类就是已知通项,但是通项不能直接求和. 例如,今天我们研究的通项都是与收敛的等比数列有关,今后我们把此类数列叫做类等比数列. 类等比数列如何放缩到等比数列呢？主要有以下四种方法：(1)构造不等式法. (2)待定系数法. (3)递缩比法. (4)并项求和法.

七、课后作业

(一)基础性作业

1. 已知 $a_n=\dfrac{3^n}{3^n-1}$, 证明：$a_1+a_2+\cdots+a_n<\dfrac{11}{16}+n$.

2. 已知 $b_n=\dfrac{3^n}{3^n-(-1)^n}$, 证明：$b_1+b_2+\cdots+b_n<n$.

3. 已知 $c_n=\dfrac{1}{3^n-2^n}(n\in \mathbf{N}^*)$, 证明：$c_1+c_2+\cdots+c_n<\dfrac{3}{2}$.

(二)反思性作业

4. 请自编一道利用放缩法求和的数列不等式的题目.

设计意图　要完成基础性作业,学生必定认真对照本节课的学习内容,细心梳理题型和方法. 这就完成了对本节课的归纳和总结. 而反思性作业要求学生编题,需要学生主动地去探索和解决问题,使学生的潜能得以激发. 教师等学生作业交上来,可以选择作业有代表性的、典型性的几位学生,让他们上台来分析、讲授.同学之间的交流、提问、反思会产生更多思想的火花,让数学思想和方法在数学课堂能真正生根发芽.

八、教学反思

(一)教学设计紧紧抓住重点,突破难点

本节课为高三一轮复习数列章节时的拓展内容(数列求和).在已经掌握等比数列求和常规题型后,遇到不能求和的通项公式,即"一类数列和式放缩"的题型,对学生来讲是难点.基于这一基本事实,师生之间开展了一次探究活动.课堂紧扣以下四个重点展开:一是设计典型的例题和练习,逐步突破教学难点;二是针对"能否放缩,怎样放缩,如何优化放缩"设计策略,展开探究;三是探究的方法围绕就近发展区——先易后难,先形象后抽象;四是探究过程中要学生反思每一种方法的来龙去脉,反思优化方法的必要性,让方法的产生既自然又清晰.

(二)注重培养学生的数学抽象、数学运算、逻辑推理素养

为突出核心素养,本节探究课采用学生合作交流、师生互动学习的方式展开.每一次的反思既是对上一种解法的总结,又是对新方法的启发.课上可充分利用题目的有效解决来提高学生的数学抽象、数学运算、逻辑推理素养.教学题目的设计先基于课本,后高于课本,再回归课本,旨在提醒学生,素养的提升一是需要回归课本,深入问题,提炼方法,总结思想;二是需要充分培训自己的创新意识和反思能力,培育自己的思维能力.本次探究课是师生一次合作交流的数学课,是一次真正实现课程改革中注重以"学生的发展为本"的探究性教学.

椭圆焦点弦长的求法探究

温岭市第二中学　钟迎军

一、教学内容

椭圆的焦点弦问题是高中数学教学的重点内容之一,也是高考的热点,涉及的知识点包括椭圆的第一定义与第二定义,焦半径、弦长、定比分点、直线倾斜角等.其综合性强,解决方法多,重点考查学生分析问题和解决问题的能力.

在人教 A 版普通高中数学教科书(选择性必修·第一册)第三章《圆锥曲线的方程》第一节《椭圆》中,教材没有配置专门的求焦点弦的例题,但在课堂练习与课后作业中安排了较多的题目.

把椭圆的焦点弦与直线的相关知识结合起来考查,也在历年的高考中频繁出现.焦点弦问题的解法通常是解析法和几何法.解析法,即联立直线方程和曲线方程,组成方程组求解,体现了"数"的特征;而几何法,即综合运用各种知识,发掘椭圆中"形"的特征,并结合椭圆的定义及解三角形知识求解.解析法往往计算量大,运算烦琐,而灵活地结合"形"的几何特征,往往能化繁为简,起到事半功倍的作用.这就要求学生必须充分理解数学概念,领会数学的本质.

本节课通过不同角度解读焦点弦,采取不同知识分析焦点弦,探究椭圆焦点弦问题的解法,为后续的圆锥曲线(双曲线、抛物线)焦点弦问题的学习奠定扎实的基础,提供相关方法的借鉴.

二、教学目标

1. 理解椭圆焦点弦的概念,能根据给定的直线和椭圆方程,求出焦点弦长.
2. 从代数与几何两个角度理解焦点弦问题,掌握求焦点弦长的常用方法和拓展方法.
3. 通过反思求焦点弦的方法,体会综合运用数学知识解决问题的意义,感受反思性学习的思维过程,提高数学学习能力.

三、学情分析

本节课的授课对象是高二学生,他们已经具备了解决弦长问题的必要知识,也具有一定的分析问题和解决问题的能力.

四、教学重难点

1.教学重点:椭圆焦点弦长的解决策略.
2.教学难点:如何引导学生选择合适的解决策略.

五、教学策略

本节课将通过"问题—反思—问题—再反思"的教学模式,结合启发式教学原则,采用学生探究和教师讲授相结合的方法展开教学.

六、教学过程

【引导语】椭圆的焦点弦问题是历年高考的热点,今天我们一起来探究焦点弦长的解决方法.

(一)典例解析

【例】经过椭圆$\frac{x^2}{2}+y^2=1$的左焦点F_1作倾斜角为$60°$的直线l,直线l与椭圆相交于A,B两点,求线段AB的长.

师:哪位同学能说说本题的解题思路?

生:求出左焦点,利用点斜式方程写出直线方程,再与椭圆方程联立,解出点A、B的坐标,最后用两点间的距离公式求出线段AB的长度.

师:这位同学的解题思路非常清晰.本题考查直线与椭圆的位置关系问题,求直线与椭圆相交所得线段AB的长,其本质是求两点间的距离.考虑到椭圆和直线都是确定的,可以直接求出交点坐标,计算线段长度.下面我们一起把这个解法详细地写出来.

【解法1】由已知可得$F_1(-1,0)$,直线l的斜率$k=\tan 60°=\sqrt{3}$,其方程为$y=\sqrt{3}(x+1)$,

由$\begin{cases} y=\sqrt{3}(x+1), \\ \frac{x^2}{2}+y^2=1, \end{cases}$解得$\begin{cases} x=\frac{-6-2\sqrt{2}}{7}, \\ y=\frac{\sqrt{3}(1-2\sqrt{2})}{7} \end{cases}$或$\begin{cases} x=\frac{-6+2\sqrt{2}}{7}, \\ y=\frac{\sqrt{3}(1+2\sqrt{2})}{7}, \end{cases}$

即$A\left[\frac{-6-2\sqrt{2}}{7},\frac{\sqrt{3}(1-2\sqrt{2})}{7}\right]$,$B\left[\frac{-6+2\sqrt{2}}{7},\frac{\sqrt{3}(1+2\sqrt{2})}{7}\right]$,则$|AB|=\frac{8\sqrt{2}}{7}$.

师:请同学们再次回顾刚才的解法,解法1有哪些优缺点?还能怎样优化此解法?

生:解法1充分利用了求两点间距离的本质,通过直接求得两点的坐标,再代入两

点间距离公式求得线段的长度,思路清晰,目的明确,求解过程容易掌握.但是,我发现本题中交点的坐标数据有点复杂,容易导致计算错误.若利用弦长公式$|AB|=\sqrt{1+k^2}|x_1-x_2|=\sqrt{1+k^2}\cdot\sqrt{(x_1+x_2)^2-4x_1x_2}$,结合韦达定理来求解,就可以避免复杂的运算了.

师:根据刚才这位同学的分析,下面我们尝试用弦长公式,结合韦达定理来求解.

【解法2】设交点$A(x_1,y_1),B(x_2,y_2)$,由$\begin{cases}y=\sqrt{3}(x+1),\\ \dfrac{x^2}{2}+y^2=1\end{cases}$得$7x^2+12x+4=0$,则$x_1+x_2=-\dfrac{12}{7},x_1x_2=\dfrac{4}{7}$,代入弦长公式,得$|AB|=\sqrt{1+(\sqrt{3})^2}\cdot\sqrt{\left(-\dfrac{12}{7}\right)^2+4\cdot\dfrac{4}{7}}=\dfrac{8\sqrt{2}}{7}$.

师:解法2利用设而不求的思想,减少了运算量,避开了复杂的数量运算,使得求解过程变得简洁,提高了解题效率.此种方法在处理弦长问题时被广泛使用,是一种常用的方法.那么,我们还能从直线的其他方程入手解此题吗?

生:由于直线l过定点$F_1(-1,0)$,倾斜角为$60°$,我们可以利用直线的参数方程求线段AB的长度.

【解法3】设直线l的参数方程为$\begin{cases}x=-1+\dfrac{1}{2}t,\\ y=\dfrac{\sqrt{3}}{2}t,\end{cases}$其中$t$为参数,$t\in\mathbf{R}$.将其代入椭圆方程,得$7t^2-4t-4=0$,设点$A,B$分别对应参数$t_1,t_2$,则有$t_1+t_2=\dfrac{4}{7},t_1t_2=-\dfrac{4}{7}$.由参数$t$的几何意义,得$|AB|=|AF_1|+|BF_1|=|t_1|+|t_2|=|t_1-t_2|=\sqrt{(t_1+t_2)^2-4t_1t_2}=\dfrac{8\sqrt{2}}{7}$.

师:直线的参数方程是教科书(选择性必修·第一册)第68页"探究与发现"中的内容.本题中参数t的几何意义为:$|t|$表示直线上的点与定点F_1的距离.利用直线的参数方程,可以解决过定点的直线与椭圆相交所得的弦长问题.

师:解法3的关键点是用不同的方程形式表现已知条件中的直线,从而直接求出线段AB的长度.那么,我们还能将线段AB转化成……

生:将线段AB转化为AF_1与BF_1的和进行求解.

生:由于直线经过椭圆的焦点,求线段AB的长度可以转化为焦半径问题,即利用椭圆的定义及余弦定理解决.

【解法4】如图,设椭圆的右焦点为 $F_2(1,0)$, $\angle BF_1F_2=60°$, $|F_1F_2|=2$, $|BF_1|=m$, $|BF_2|=n$, 由 $m+n=2\sqrt{2}$, 得 $n^2=m^2+2^2-2\cdot 2m\cos 60°$, 消去 n, 解得 $m=\dfrac{4\sqrt{2}-2}{7}$. 同理, 在 $\triangle AF_1F_2$ 中可得 $|AF_1|=\dfrac{4\sqrt{2}+2}{7}$, 则 $|AB|=|AF_1|+|BF_1|=\dfrac{8\sqrt{2}}{7}$.

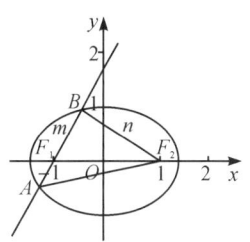

师:解法4充分利用了焦点三角形的几何特征,灵活利用椭圆的定义和余弦定理,求得焦半径的长,进而求得焦点弦的长度,思路清晰,解法简洁,让我们对数学本质的理解更加深刻.

【拓展】对于椭圆 $\dfrac{x^2}{a^2}+\dfrac{y^2}{b^2}=1(a>b>0)$, 左焦点 $F_1(-c,0)$, 直线 l 的倾斜角为 θ, 容易得到结论: $|AF_1|=\dfrac{b^2}{a+c\cos\theta}$, $|BF_1|=\dfrac{b^2}{a-c\cos\theta}$, $|AB|=\dfrac{2ab^2}{a^2-c^2\cos^2\theta}$. 若设 $p=\dfrac{b^2}{c}$ (p 是焦点到相应准线的距离), 离心率 $e=\dfrac{c}{a}$, 则有 $|AF_1|=\dfrac{ep}{1+e\cos\theta}$, $|BF_1|=\dfrac{ep}{1-e\cos\theta}$, $|AB|=\dfrac{2ep}{1-e^2\cos^2\theta}$.

生:由于直线经过焦点,因此还可利用椭圆的第二定义求焦半径的长.

【解法5】因为椭圆中 $a=\sqrt{2}$, $b=c=1$, 离心率 $e=\dfrac{1}{\sqrt{2}}$, 左焦点 $F_1(-1,0)$, 左准线方程为 $x=-2$, 设点 A, B 到左准线的距离分别为 d_1, d_2, 且 $d_1=x_1+2$, $d_2=x_2+2$, $x_1+x_2=-\dfrac{12}{7}$, 则焦半径 $|AF_1|=ed_1=\dfrac{1}{\sqrt{2}}x_1+\sqrt{2}$, $|BF_1|=ed_2=\dfrac{1}{\sqrt{2}}x_2+\sqrt{2}$, 故焦点弦长 $|AB|=|AF_1|+|BF_1|=\dfrac{8\sqrt{2}}{7}$.

师:教科书(选择性必修·第一册)第113页的例6和第116页《用信息技术探究点的轨迹:椭圆》,都涉及椭圆的第二定义(圆锥曲线的统一定义).利用椭圆的第二定义能很好地解决焦半径问题.

【拓展】对于椭圆 $\dfrac{x^2}{a^2}+\dfrac{y^2}{b^2}=1(a>b>0)$, 左焦点 $F_1(-c,0)$, 左准线 $x=-\dfrac{a^2}{c}$, 离心率 $e=\dfrac{c}{a}$, 容易得到结论:焦半径 $|AF_1|=ex_1+a$, $|BF_1|=ex_2+a$, 焦点弦长 $|AB|=e(x_1+x_2)+2a$.

(二)课堂练习

1.已知 F 是椭圆 C 的一个焦点, B 是短轴的一个端点,线段 BF 的延长线交椭圆 C 于点 D, 且 $\overrightarrow{BF}=2\overrightarrow{FD}$, 则椭圆 C 的离心率为_____.

2. 设椭圆 $C: \dfrac{x^2}{a^2}+\dfrac{y^2}{b^2}=1(a>b>0)$ 的右焦点为 F,过点 F 的直线 l 与椭圆 C 相交于 A,B 两点,直线 l 的倾斜角为 $60°$,$\overrightarrow{AF}=2\overrightarrow{FB}$.

(1)求椭圆 C 的离心率.(2)如果 $|AB|=\dfrac{15}{4}$,求椭圆 C 的方程.

(三)课堂小结

教师与学生一起回顾本节课所学的主要内容,并思考以下问题:
(1)解决椭圆焦点弦问题的常用方法和注意点有哪些?
(2)谈谈本节课的收获.

七、课后作业

(一)基础性作业

1. 设 F_1,F_2 为椭圆 $C:\dfrac{x^2}{36}+\dfrac{y^2}{20}=1$ 的两个焦点,M 为椭圆 C 上位于第一象限的一点,若 $\triangle MF_1F_2$ 为等腰三角形,则点 M 的坐标为_____.

2. 已知椭圆 $C:\dfrac{x^2}{a^2}+\dfrac{y^2}{b^2}=1(a>b>0)$ 的离心率为 $\dfrac{\sqrt{3}}{2}$,过右焦点 F 且斜率为 k($k>0$)的直线与椭圆 C 相交于 $A、B$ 两点,若 $\overrightarrow{AF}=3\overrightarrow{FB}$,则 $k=$ (   )

A. 1   B. $\sqrt{2}$ C. $\sqrt{3}$ D. 2

3. 已知椭圆 $C:\dfrac{x^2}{a^2}+\dfrac{y^2}{b^2}=1(a>b>0)$,椭圆 C 的上顶点为 A,两个焦点为 F_1,F_2,离心率为 $\dfrac{1}{2}$.过点 F_1 且垂直于 AF_2 的直线与椭圆 C 交于 D,E 两点,$|DE|=6$,则 $\triangle ADE$ 的周长是_____.

(二)反思性作业

4. 请你根据所学的椭圆知识,自编或根据高考试题改编几道与焦点弦有关的题目.

5. 请你根据所学知识,查阅相关资料,总结椭圆的焦半径公式和焦点弦公式,探究与焦点弦有关的结论.

设计意图 题1、题2、题3为基础性作业,让学生巩固椭圆焦点弦问题的相关知识,形成新的知识链.题4让学生加深对椭圆的理解,形成自主探究的学习习惯,培养科学的探索精神.题5从大单元教学视角探究椭圆焦点弦问题,让学生从整体上认识椭圆知识的内在联系,理解数学问题的本质,学会从不同角度分析问题,能灵活运用各种方法解决问题.

八、教学反思

本节课通过对椭圆焦点弦问题的探讨,逐步培养学生分析问题和解决问题的能力,引导学生用联系的眼光看问题,理解数学知识之间的联系与区别,提升他们的自主学习能力和创新意识.整节课针对椭圆的焦点弦问题的求解,从弦长的概念入手,紧扣弦长公式,探究问题的本源,寻求解决方法,体现了教学要回归课本、回归数学问题的本质,重视基础,重视数学逻辑推理.

图书在版编目(CIP)数据

基于"反思性学习"策略的高中数学教学设计 / 蒋荣清主编；丁君斌副主编. — 宁波：宁波出版社，2024.3

ISBN 978-7-5526-5139-3

Ⅰ.①基… Ⅱ.①蒋… ②丁… Ⅲ.①中学数学课—教学研究—高中 Ⅳ.①G633.602

中国国家版本馆 CIP 数据核字(2023)第 184851 号

基于"反思性学习"策略的高中数学教学设计
蒋荣清 主编　丁君斌 副主编

出版发行	宁波出版社(宁波市甬江大道1号宁波书城8号楼6楼　315040)
网　　址	http://www.nbcbs.com
责任编辑	黄　彬
责任校对	徐　敏
内文排版	杭州晨之曦文化创意有限公司
印　　刷	宁波白云印刷有限公司
开　　本	787毫米×1092毫米　1/16
印　　张	12.75
字　　数	280千
版　　次	2024年3月第1版
印　　次	2024年3月第1次印刷
标准书号	ISBN 978-7-5526-5139-3
定　　价	42.80元

如发现缺页或倒装,影响阅读,请与出版社联系调换。电话:0574-87248279